Collection Parcours d'une œuvre
Sous la direction de Michel Laurin

Le Malade imaginaire

de

Molière

Texte intégral

Édition présentée, annotée et commentée

par

Luc Bouvier
Professeur au Collège de l'Outaouais

LE MALADE IMAGINAIRE DE MOLIÈRE
TEXTE INTÉGRAL
ÉDITION PRÉSENTÉE, ANNOTÉE ET COMMENTÉE
PAR LUC BOUVIER
COLLECTION «PARCOURS D'UNE ŒUVRE»
SOUS LA DIRECTION DE MICHEL LAURIN

 Groupe Beauchemin, éditeur ltée
3281, avenue Jean-Béraud
Laval (Québec) H7T 2L2
Téléphone : (514) 334-5912
1 800 361-4504
Télécopieur : (450) 688-6269
www.beaucheminediteur.com

Nous reconnaissons l'aide financière du gouvernement du Canada par l'entremise du Programme d'aide au développement de l'industrie de l'édition (PADIÉ) pour nos activités d'édition.

ISBN : 2-7616-1340-6

Dépôt légal : 2e trimestre 2002
Bibliothèque nationale du Québec
Bibliothèque nationale du Canada

Imprimé en Inde
2 3 4 5 06 05 04

Supervision éditoriale : FRANCE ROBITAILLE
Production: MICHEL CARL PERRON
Révision linguistique : MANUELA GIROUX
Correction d'épreuves : NATHALIE BRAGANTINI
Recherche iconographique : VIOLAINE CHAREST-SIGOUIN
Conception graphique : MARTIN DUFOUR, A.R.C.
Conception et réalisation de la couverture : CHRISTINE DUFOUR
Mise en pages : TREVOR AUBERT JONES
Impression : Replika Press Pvt. Ltd.

À mes parents,

Yolande Ladouceur et Yvan Bouvier

Table des matières

Molière.

« Crève, crève ! cela t'apprendra une autre fois à te jouer à la Faculté. »

À la scène 3 de l'acte III du *Malade imaginaire*, Argan, dans un accès de rage, s'écrie : « Crève, crève ! cela t'apprendra une autre fois à te jouer à la Faculté » (l. 1999-2000). Il vise alors Molière, l'auteur de comédies qui s'attaquent à la médecine et aux médecins. Lors de la création de la pièce, le vendredi 10 février 1673, au Palais-Royal, c'est Molière qui joue le rôle d'Argan, le malade imaginaire. À l'origine, cet anathème ne devait que faire rire. En effet, pour les spectateurs de l'époque, voir l'acteur Molière, dans la peau d'Argan, souhaiter la mort de Molière, l'auteur, relève du plus haut comique.

Mais, le vendredi 17 février, lors de la quatrième représentation, pris d'un violent malaise au cours du troisième intermède, au moment de prononcer l'un des *Juro*, Molière termine difficilement la pièce. Ramené chez lui, il meurt quelques heures plus tard. De simplement comique, le « Crève, crève ! » est devenu prémonitoire, à un point tel que lors de la reprise du *Malade imaginaire*, le 3 mars 1673, les comédiens modifient légèrement le texte afin d'éviter de prononcer le nom de Molière. Parce qu'elle est ainsi irrémédiablement rattachée à la mort de son auteur, la pièce a pris au cours des ans une connotation particulière qu'illustre de façon exemplaire le respect porté au fauteuil dans lequel Molière a joué les quatre premières représentations[1]. Il est, en effet, précieusement conservé à la Comédie-Française[2] et, chaque année, à la date anniversaire de la mort de leur premier directeur, tous les comédiens se rassemblent et jouent *Le Malade imaginaire* pendant qu'au centre, le fauteuil éclairé symbolise la présence toujours vivante de Molière.

1 Voir l'illustration à la page 205.

2 Nom qu'a pris l'ancienne troupe de Molière.

Même si *Le Malade imaginaire*, à cause des circonstances, rappelle la fin de Molière, la pièce garde tout son comique parce qu'elle trace le portrait, toujours actuel, de l'hypocondriaque.

L'hypocondrie a été décrite par Galien[1] sous ce même nom, qui se trouve être ainsi l'un des plus anciens du vocabulaire médical, avec une acception sensiblement inchangée : syndrome constitué par **des préoccupations excessives du sujet à l'égard de sa santé.** L'univers de l'hypocondriaque n'est nulle part mieux décrit que par Molière dans *Le Malade imaginaire.*

Tourné vers l'intérieur de son corps, l'hypocondriaque est à **l'écoute des messages les plus contingents de sa cinesthésie**[2], qu'il interprète dans un sens péjoratif ; à partir de ces messages, il imagine ses organes altérés par un processus menaçant, généralement simpliste et mécanique. Il forme **un couple indissociable avec le médecin, ou plutôt avec le corps médical**, qu'il consulte inlassablement malgré des déceptions toujours renouvelées. L'inquiétude hypocondriaque, plus ou moins envahissante **aux dépens de l'intérêt pour le monde extérieur**, constitue une vive souffrance, habituellement **méconnue par l'entourage**, que rebutent des doléances monotones[3].

Le Malade imaginaire tire son unité du personnage d'Argan et de sa maladie bien réelle, l'hypocondrie. À ce titre, la pièce est une remarquable comédie de caractère.

1 Claude Galien (v. 131 – v. 201), célèbre médecin grec.

2 *Messages* les moins importants qu'envoient la position et le mouvement de son corps.

3 *Encyclopædia Universalis*, 1995. Les caractères gras ont été ajoutés.

Affiche de Normand Hudon, produite pour la pièce *Le Malade imaginaire* jouée en 1956 au Théâtre du Nouveau Monde.

Argan indique au notaire ses dispositions testamentaires en faveur de Béline (ACTE I, SCÈNE 7).

FRONTISPICE DU *MALADE IMAGINAIRE* TIRÉ DES *ŒUVRES COMPLÈTES DE MONSIEUR DE MOLIÈRE*, ÉDITION DE 1682. GRAVURE DE J. SAUVÉ, D'APRÈS P. BRISSART.

LE

MALADE

IMAGINAIRE,

COMEDIE

MESLÉE DE MUSIQUE

ET

DE DANSES.

Par Monſieur de MOLIERE.

Corrigée ſur l'original de l'Autheur, de toutes les fauſſes additions & ſuppoſitions de Scenes entieres, faites dans les Editions precedentes.

Repreſentée pour la premiere fois, ſur le Theatre de la Salle du Palais Royal, le dixiéme Février 1673.

Par la Trouppe du ROY.

Page de titre de l'édition de 1682.

LES PERSONNAGES[1]

ARGAN, *malade imaginaire.*

BÉLINE, *seconde femme d'Argan.*

ANGÉLIQUE, *fille d'Argan, et amante*[§] *de Cléante.*

LOUISON, *petite fille d'Argan, et sœur d'Angélique.*

BÉRALDE, *frère d'Argan.*

CLÉANTE, *amant*[§] *d'Angélique.*

MONSIEUR DIAFOIRUS, *médecin.*

THOMAS DIAFOIRUS, *son fils, et amant d'Angélique.*

MONSIEUR PURGON, *médecin d'Argan.*

MONSIEUR FLEURANT, *apothicaire*[§].

MONSIEUR BONNEFOY, *notaire.*

TOINETTE, *servante.*

LA SCÈNE EST À PARIS.

N.B. : Les cinq extraits qui font l'objet d'une analyse approfondie sont indiqués dans l'œuvre par des filets tracés dans la marge.

§ Les mots suivis du symbole § sont définis dans le glossaire, à la page 237.

1 Molière s'est amusé à donner des noms évocateurs aux professionnels de la pièce. Le mot *Diafoirus* est formé d'un préfixe grec (*dia* = à travers), d'un vieux mot français, *foire*, signifiant «diarrhée», et d'une terminaison latine (*us*). *Purgon* renvoie au verbe *purger*, «vider», et par conséquent aux nombreux lavements prescrits. *Fleurant* renvoie au verbe *fleurer*, «répandre une odeur», et au rôle de l'apothicaire, qui, à l'époque, consiste à s'occuper des déjections des malades. Quant au notaire, il a été nommé *Bonnefoy* par antiphrase.

LE PROLOGUE[1]

Après les glorieuses fatigues et les exploits victorieux[2] de notre auguste[3] monarque, il est bien juste que tous ceux qui se mêlent d'écrire travaillent ou à ses louanges, ou à son divertissement. C'est ce qu'ici l'on a voulu faire, et ce prologue est un essai des louanges de ce grand prince, qui donne entrée[4] à la comédie du *Malade imaginaire,* dont le projet a été fait pour le délasser de ses nobles travaux[5].

La décoration représente un lieu champêtre fort agréable.

N. B. : Le texte de la pièce est conforme à celui de l'édition de 1682, établi par La Grange, comédien dans la troupe de Molière, pour répondre aux éditions pirates de 1674 et 1675. Les didascalies de l'édition de 1734 ont été ajoutées pour faciliter la compréhension.

1 *prologue* : spectacle qui précède une pièce sans avoir nécessairement de rapport avec elle. Le texte du prologue et des intermèdes est conforme au livret de 1673, vendu aux spectateurs.
2 Allusion à la conquête de la Hollande par Louis XIV en 1672.
3 *auguste* : vénérable.
4 *donne entrée* : sert d'introduction.
5 La pièce était probablement prévue pour les divertissements de la cour qui devaient souligner le retour de Louis XIV de la campagne de 1672.

ÉGLOGUE[1]

EN MUSIQUE ET EN DANSE

FLORE[2], PAN[3], CLIMÈNE, DAPHNÉ, TIRCIS, DORILAS[4],
DEUX ZÉPHIRS[5], TROUPE DE BERGÈRES ET DE BERGERS

FLORE

Quittez, quittez vos troupeaux,
10 *Venez, Bergers, venez, Bergères,*
Accourez, accourez sous ces tendres ormeaux[6] *:*
Je viens vous annoncer des nouvelles bien chères[7]*,*
Et réjouir tous ces hameaux.
Quittez, quittez vos troupeaux,
15 *Venez, Bergers, venez, Bergères,*
Accourez, accourez sous ces tendres ormeaux.

CLIMÈNE ET DAPHNÉ

Berger, laissons là tes feux[8]*,*
Voilà Flore qui nous appelle.

TIRCIS ET DORILAS

Mais au moins dis-moi, cruelle,

TIRCIS

20 *Si d'un peu d'amitié tu payeras mes vœux*[9] *?*

DORILAS

Si tu seras sensible à mon ardeur fidèle ?

---

1 *Églogue* : petit poème qui évoque la campagne.
2 *Flore* : déesse des fleurs chez les Romains.
3 *Pan* : dieu des bergers chez les Grecs.
4 *Climène* et *Daphné* sont des bergères ; *Tircis* et *Dorilas*, des bergers.
5 *Zéphirs* : dieux des vents.
6 *ormeaux* : jeunes ormes.
7 *chères* : qui concernent la personne aimée.
8 *feux* : amour.
9 *vœux* : désirs amoureux.

Climène et Daphné

Voilà Flore qui nous appelle.

Tircis et Dorilas

Ce n'est qu'un mot, un mot, un seul mot que je veux.

Tircis

Languirai-je[1] *toujours dans ma peine mortelle ?*

Dorilas

25 *Puis-je espérer qu'un jour tu me rendras heureux ?*

Climène et Daphné

Voilà Flore qui nous appelle.

Entrée de ballet

Toute la troupe des Bergers et des Bergères va se placer en cadence autour de Flore.

Climène

Quelle nouvelle parmi nous,

30 *Déesse, doit jeter tant de réjouissance ?*

Daphné

Nous brûlons d'apprendre de vous

Cette nouvelle d'importance.

Dorilas

D'ardeur nous en soupirons tous.

Tous

Nous en mourons d'impatience.

---

1 *Languirai-je* : dépérirai-je.

FLORE

35 *La voici : silence, silence !*
Vos vœux sont exaucés, LOUIS *est de retour,*
Il ramène en ces lieux les plaisirs et l'amour,
Et vous voyez finir vos mortelles alarmes[1].
Par ses vastes exploits son bras voit tout soumis :
40 *Il quitte les armes,*
Faute d'ennemis.

TOUS

Ah ! quelle douce nouvelle !
Qu'elle est grande ! qu'elle est belle !
Que de plaisirs ! que de ris[2] *! que de jeux !*
45 *Que de succès heureux !*
Et que le Ciel a bien rempli nos vœux !
Ah ! quelle douce nouvelle !
Qu'elle est grande, qu'elle est belle !

ENTRÉE DE BALLET

Tous les Bergers et Bergères expriment par des danses les trans-
50 ports[3] de leur joie.

FLORE

De vos flûtes bocagères[4]
Réveillez les plus beaux sons :
LOUIS *offre à vos chansons*
La plus belle des matières[5].
55 *Après cent combats,*
Où cueille son bras

1 *alarmes* : inquiétudes.
2 *ris* : rires.
3 *transports* : manifestations passionnées.
4 *bocagères* : dont le son évoque la forêt.
5 *matières* : sujets.

Une ample victoire,
Formez entre vous
Cent combats plus doux[1],
60 *Pour chanter sa gloire.*

Tous

Formons entre nous
Cent combats plus doux,
Pour chanter sa gloire.

Flore

Mon jeune amant[2], *dans ce bois*
65 *Des présents*[3] *de mon empire*
Prépare un prix à la voix
Qui saura le mieux nous dire
Les vertus et les exploits
Du plus auguste[§] *des rois.*

Climène

70 *Si Tircis a l'avantage,*

Daphné

Si Dorilas est vainqueur,

Climène

À le chérir je m'engage.

Daphné

Je me donne à son ardeur.

Tircis

Ô trop chère espérance !

Dorilas

75 *Ô mot plein de douceur !*

1 *combats plus doux* : concours de chant.
2 *amant* : personne aimée, ici Pan.
3 *Des présents* : parmi les richesses.

TOUS DEUX

Plus beau sujet, plus belle récompense
Peuvent-ils animer un cœur ?

Les violons jouent un air pour animer les deux Bergers au combat, tandis que Flore, comme juge, va se placer au pied de l'arbre, avec 80 deux Zéphirs, et que le reste, comme spectateurs, va occuper les deux coins du théâtre.

TIRCIS

Quand la neige fondue enfle un torrent fameux,
Contre l'effort soudain de ses flots écumeux
Il n'est rien d'assez solide ;
85 *Digues, châteaux, villes, et bois,*
Hommes et troupeaux à la fois,
Tout cède au courant qui le guide :
Tel, et plus fier[1]*, et plus rapide,*
Marche LOUIS *dans ses exploits.*

BALLET

90 Les Bergers et Bergères de son côté dansent autour de lui, sur une ritournelle[2], pour exprimer leurs applaudissements.

DORILAS

Le foudre[3] *menaçant, qui perce avec fureur*
L'affreuse[4] *obscurité de la nue enflammée,*
Fait d'épouvante et d'horreur
95 *Trembler le plus ferme cœur :*
Mais à la tête d'une armée
LOUIS *jette plus de terreur.*

BALLET

Les Bergers et Bergères de son côté font de même que les autres.

---

1 *fier* : redoutable.
2 *ritournelle* : refrain.
3 *foudre* est souvent masculin au XVIIe siècle.
4 *affreuse* : terrifiante.

Tircis

Des fabuleux exploits que la Grèce a chantés[1],
100 *Par un brillant amas*[2] *de belles vérités*
Nous voyons la gloire effacée,
Et tous ces fameux demi-dieux[3]
Que vante l'histoire passée
Ne sont point à notre pensée
105 *Ce que* Louis *est à nos yeux.*

Ballet

Les Bergers et Bergères de son côté font encore la même chose.

Dorilas

Louis *fait à nos temps, par ses faits inouïs,*
Croire tous les beaux faits que nous chante l'histoire
Des siècles évanouis :
110 *Mais nos neveux*[4], *dans leur gloire,*
N'auront rien qui fasse croire
Tous les beaux faits de Louis.

Ballet

Les Bergers et Bergères de son côté font encore de même, après quoi les deux partis se mêlent.

Pan, *suivi de six Faunes*[5].

115 *Laissez, laissez, Bergers, ce dessein*[6] *téméraire.*
Hé ! que voulez-vous faire ?
Chanter sur vos chalumeaux[7]
Ce qu'Apollon[8] *sur sa lyre,*

1 Notamment Homère dans l'*Iliade* et l'*Odyssée*.
2 *amas* : accumulation.
3 *demi-dieux* : personnages de la mythologie grecque ou romaine nés d'une déesse et d'un mortel (par exemple, Achille) ou l'inverse (Hercule).
4 *neveux* : descendants.
5 *Faunes* : divinités champêtres, mi-hommes, mi-chèvres, chez les Romains.
6 *dessein* : projet.
7 *chalumeaux* : petites flûtes.
8 *Apollon* : dieu du soleil et des arts chez les Grecs.

Avec ses chants les plus beaux,
120 *N'entreprendrait pas de dire,*
C'est donner trop d'essor[1] *au feu qui vous inspire,*
C'est monter vers les cieux sur des ailes de cire,
Pour tomber dans le fond des eaux[2].
Pour chanter de LOUIS *l'intrépide courage,*
125 *Il n'est point d'assez docte*[3] *voix,*
Point de mots assez grands pour en tracer l'image :
Le silence est le langage
Qui doit louer ses exploits.
Consacrez d'autres soins à sa pleine victoire ;
130 *Vos louanges n'ont rien qui flatte ses désirs ;*
Laissez, laissez là sa gloire,
Ne songez qu'à ses plaisirs.

TOUS

Laissons, laissons là sa gloire,
Ne songeons qu'à ses plaisirs.

FLORE

135 *Bien que, pour étaler ses vertus immortelles,*
La force manque à vos esprits,
Ne laissez[4] *pas tous deux de recevoir le prix :*
Dans les choses grandes et belles
Il suffit d'avoir entrepris.

ENTRÉE DE BALLET

140 Les deux Zéphirs dansent avec deux couronnes de fleurs à la main, qu'ils viennent donner ensuite aux deux Bergers.

1 *essor* : force, élan.
2 Allusion au personnage mythologique d'Icare, qui, pour se libérer du labyrinthe, s'était envolé grâce à des ailes qu'il s'était collées avec de la cire. S'étant trop approché du soleil, dont la chaleur avait fait fondre la cire, il avait été précipité dans la mer et s'était noyé.
3 *docte* : savante.
4 *laissez* : manquez.

CLIMÈNE ET DAPHNÉ, ***en leur donnant la main.***
Dans les choses grandes et belles
Il suffit d'avoir entrepris.

TIRCIS ET DORILAS
Ha ! que d'un doux succès notre audace est suivie !

FLORE ET PAN
145 *Ce qu'on fait pour* LOUIS, *on ne le perd jamais.*

LES QUATRE AMANTS§
Au soin de ses plaisirs donnons-nous désormais.

FLORE ET PAN
Heureux, heureux qui peut lui consacrer sa vie !

TOUS
Joignons tous dans ces bois
Nos flûtes et nos voix,
150 *Ce jour nous y convie ;*
Et faisons aux échos redire mille fois :
«LOUIS *est le plus grand des rois ;*
Heureux, heureux qui peut lui consacrer sa vie !»

DERNIÈRE ET GRANDE ENTRÉE DE BALLET

Faunes, Bergers et Bergères, tous se mêlent, et il se fait entre eux
155 des jeux de danse, après quoi ils se vont préparer pour la Comédie.

ACTE I

SCÈNE 1 : ARGAN

ARGAN, *seul dans sa chambre assis, une table devant lui, compte des parties d'apothicaire*[1] *avec des jetons*[2] *; il fait, parlant à lui-même, les dialogues suivants* : Trois et deux font cinq, et cinq font dix, et dix font vingt. Trois et deux font
160 cinq. « Plus, du vingt-quatrième[3], un petit clystère[4] insinuatif, préparatif, et rémollient[5], pour amollir, humecter, et rafraîchir les entrailles de Monsieur. » Ce qui me plaît de Monsieur Fleurant, mon apothicaire, c'est que ses parties sont toujours fort civiles[6] : « les entrailles de Monsieur,
165 trente sols ». Oui, mais, Monsieur Fleurant, ce n'est pas tout que d'être civil, il faut être aussi raisonnable, et ne pas écorcher les malades. Trente sols un lavement : Je suis votre serviteur[7], je vous l'ai déjà dit. Vous ne me les avez mis dans les autres parties qu'à vingt sols, et vingt sols en langage

1 *parties d'apothicaire* : factures de pharmacien.

2 Pour faire ses comptes, Argan utilise des *jetons* qu'il place sur une planchette. Sur la ligne du bas, il place les jetons représentant les demi-sols (= six deniers) ; sur celle du centre, ceux représentant les sols en trois tas : 1, 5 et 10 sols ; sur la ligne du haut, les jetons représentant les livres en quatre tas : 1 (= 20 sols), 5, 10 et 20 livres. À mesure qu'il additionne, il remplace par un jeton le tas de jetons qui précède. Il enlève, par exemple, deux jetons du tas des 5 livres et en ajoute un au tas des 10 livres. Ce procédé est employé par des professionnels pour calculer des sommes importantes. Comme si, de nos jours, un malade vérifiait ses comptes à l'aide d'une caisse enregistreuse.

3 Dans ses calculs, Argan en est rendu au *vingt-quatrième* jour du mois.

4 *clystère* : lavement (liquide introduit par l'anus afin d'aider le malade à aller à la selle).

5 *insinuatif, préparatif, et rémollient* : qui pénètre dans le corps, qui prépare le malade à aller à la selle, qui amollit les matières fécales.

6 *civiles* : polies.

7 *Je suis votre serviteur* : formule de politesse, ici ironique, qui marque le désaccord.

170 d'apothicaire[1], c'est-à-dire dix sols; les voilà, dix sols. «Plus, dudit jour[2], un bon clystère détersif[3], composé avec catholicon[4] double, rhubarbe[5], miel rosat[6], et autres, suivant l'ordonnance, pour balayer, laver, et nettoyer le bas-ventre de Monsieur, trente sols.» Avec votre permission, dix sols.
175 «Plus, dudit jour, le soir, un julep hépatique, soporatif[7], et somnifère, composé pour faire dormir Monsieur, trente-cinq sols.» Je ne me plains pas de celui-là, car il me fit bien dormir. Dix, quinze, seize et dix-sept sols, six deniers. «Plus, du vingt-cinquième, une bonne médecine[8] purgative et cor-
180 roborative[9], composée de casse[10] récente avec séné levantin[11], et autres, suivant l'ordonnance de Monsieur Purgon, pour expulser et évacuer la bile de Monsieur, quatre livres.» Ah ! Monsieur Fleurant, c'est se moquer; il faut vivre avec les malades. Monsieur Purgon ne vous a pas ordonné de
185 mettre quatre francs. Mettez, mettez trois livres[12], s'il vous plaît. Vingt et trente sols. «Plus, dudit jour, une potion anodine et astringente[13], pour faire reposer Monsieur, trente sols.» Bon, dix et quinze sols. «Plus, du vingt-sixième, un clystère[§] carminatif[14], pour chasser les vents[15] de Monsieur,

1 *en langage d'apothicaire* : qu'il faut diminuer de moitié. En fait, Argan réduit la facture de deux façons : le coût du lavement passe de 30 à 20 sols, puisque les précédents ont coûté 20 sols ; puis le coût est réduit de moitié, de 20 à 10 sols, puisqu'il s'agit d'un compte d'apothicaire.

2 *dudit jour* : le même jour.

3 *détersif* : qui nettoie, après le lavement qui prépare.

4 *catholicon* : potion pour toutes les maladies.

5 *rhubarbe* : plante médicinale très utilisée à l'époque.

6 *rosat* : dilué dans une infusion de roses.

7 *julep hépatique, soporatif* : potion pour le foie, qui fait dormir.

8 *médecine* : médicament.

9 *purgative et corroborative* : qui nettoie et fortifie.

10 *casse* : fruit des Indes aux propriétés laxatives.

11 *séné levantin* : arbuste aux propriétés laxatives, qui vient d'Orient.

12 *Francs* et *livres* s'employaient indifféremment.

13 *anodine et astringente* : qui calme la douleur et contracte les tissus.

14 *carminatif* : qui dissipe les gaz digestifs.

15 *vents* : gaz intestinaux, pets.

190 trente sols. » Dix sols, Monsieur Fleurant. « Plus, le clystère de Monsieur réitéré[1] le soir, comme dessus, trente sols. » Monsieur Fleurant, dix sols. « Plus, du vingt-septième, une bonne médecine[§] composée pour hâter d'aller[2], et chasser dehors les mauvaises humeurs[3] de Monsieur, trois livres. »
195 Bon, vingt et trente sols : je suis bien aise que vous soyez raisonnable. « Plus, du vingt-huitième, une prise de petit-lait clarifié, et dulcoré[4], pour adoucir, lénifier, tempérer[5], et rafraîchir le sang de Monsieur, vingt sols. » Bon, dix sols. Plus, une potion cordiale et préservative[6], composée avec
200 douze grains[7] de bézoard[8], sirops de limon[9] et grenade, et autres, suivant l'ordonnance, cinq livres. » Ah ! Monsieur Fleurant, tout doux, s'il vous plaît ; si vous en usez comme cela, on ne voudra plus être malade : contentez-vous de quatre francs. Vingt et quarante sols. Trois et deux font cinq,
205 et cinq font dix, et dix font vingt. Soixante et trois livres, quatre sols, six deniers. Si bien donc que de ce mois j'ai pris une, deux, trois, quatre, cinq, six, sept et huit médecines ; et un, deux, trois, quatre, cinq, six, sept, huit, neuf, dix, onze et douze lavements ; et l'autre mois il y avait douze médecines,
210 et vingt lavements. Je ne m'étonne pas si je ne me porte pas si bien ce mois-ci que l'autre. Je le dirai à Monsieur Purgon, afin qu'il mette ordre à cela. Allons, qu'on m'ôte tout ceci[10]. Il n'y a personne : j'ai beau dire, on me laisse toujours seul ;

1 *réitéré* : répété.
2 *aller* aux toilettes.
3 *humeurs* : liquides du corps (sang, lymphe, bile, atrabile), dont le déséquilibre cause les maladies. Pour en rétablir l'équilibre, le médecin prescrit ou lavements ou saignées.
4 *petit-lait clarifié, et dulcoré* : lait écrémé, filtré et sucré.
5 *lénifier, tempérer* : apaiser, modérer.
6 *cordiale et préservative* : stimulante et qui prévient la maladie.
7 Le *grain* équivaut à 0,053 gramme.
8 *bézoard* : minéral d'origine animale, anciennement réputé comme contrepoison.
9 *limon* : citron.
10 *ceci* : les jetons et la tablette.

il n'y a pas moyen de les arrêter ici. (*Il sonne une sonnette*[1]
215 *pour faire venir ses gens.*) Ils n'entendent point, et ma sonnette ne fait pas assez de bruit. Drelin, drelin, drelin : point d'affaire. Drelin, drelin, drelin : ils sont sourds. Toinette ! Drelin, drelin, drelin : tout comme si je ne sonnais point. Chienne, coquine ! Drelin, drelin, drelin : j'enrage. (*Il ne*
220 *sonne plus mais il crie.*) Drelin, drelin, drelin : carogne[2], à tous les diables ! Est-il possible qu'on laisse comme cela un pauvre malade tout seul ? Drelin, drelin, drelin : voilà qui est pitoyable ! Drelin, drelin, drelin : ah, mon Dieu ! ils me laisseront ici mourir. Drelin, drelin, drelin.

SCÈNE 2 : TOINETTE, ARGAN

225 TOINETTE, *en entrant dans la chambre* : On y va[3].

ARGAN : Ah, chienne ! ah, carogne... !

TOINETTE, *faisant semblant de s'être cogné la tête* : Diantre[4] soit fait de votre impatience ! vous pressez si fort les personnes, que je me suis donné un grand coup de la tête contre la
230 carne[5] d'un volet.

ARGAN, *en colère* : Ah ! traîtresse... !

TOINETTE, *pour l'interrompre et l'empêcher de crier, se plaint toujours en disant* : Ha !

ARGAN : Il y a...

1 Il s'agit d'une grosse sonnette, 22 sols selon un mémoire de dépenses de 1672.
2 *carogne* : charogne (injure).
3 Ton impoli, même à l'époque.
4 *Diantre* : juron, euphémisme de *diable*.
5 *carne* : coin.

235 **Toinette** : Ha !

Argan : Il y a une heure…

Toinette : Ha !

Argan : Tu m'as laissé…

Toinette : Ha !

240 **Argan** : Tais-toi donc, coquine, que je te querelle.

Toinette : Çamon[1], ma foi ! j'en suis d'avis[2], après ce que je me suis fait.

Argan : Tu m'as fait égosiller[3], carogne[§].

Toinette : Et vous m'avez fait, vous, casser la tête : l'un vaut
245 bien l'autre ; quitte à quitte[4], si vous voulez.

Argan : Quoi ? coquine…

Toinette : Si vous querellez, je pleurerai.

Argan : Me laisser, traîtresse…

Toinette, *toujours pour l'interrompre* : Ha !

250 **Argan** : Chienne, tu veux…

Toinette : Ha !

Argan : Quoi ? il faudra encore que je n'aie pas le plaisir de la quereller.

Toinette : Querellez tout votre soûl[5], je le veux bien.

255 **Argan** : Tu m'en empêches, chienne, en m'interrompant à tous coups.

1 *Çamon* : ah oui.
2 *j'en suis d'avis* : je suis d'accord pour me taire (ironie).
3 *égosiller* : crier à me faire mal à la gorge.
4 *quitte à quitte* : c'est kif-kif, la même chose.
5 *tout votre soûl* : autant que vous voulez.

© André Le Coz.

Argan (Yvon Dufour) : […] Ils n'entendent point, et ma sonnette ne fait pas assez de bruit. Drelin, drelin, drelin : point d'affaire. Drelin, drelin, drelin : ils sont sourds. Toinette ! Drelin, drelin, drelin : tout comme si je ne sonnais point. Chienne, coquine !

Acte i, scène i, lignes 215 à 219.

La Nouvelle Compagnie théâtrale, 1978.
Mise en scène d'Yvan Canuel.

Toinette : Si vous avez le plaisir de quereller, il faut bien que, de mon côté, j'aie le plaisir de pleurer : chacun le sien, ce n'est pas trop. Ha !

260 **Argan** : Allons, il faut en passer par-là. Ôte-moi ceci[1], coquine, ôte-moi ceci. (*Argan se lève de sa chaise.*) Mon lavement d'aujourd'hui a-t-il bien opéré ?

Toinette : Votre lavement ?

Argan : Oui. Ai-je bien fait de la bile ?

265 **Toinette** : Ma foi ! je ne me mêle point de ces affaires-là[2] : c'est à Monsieur Fleurant à y mettre le nez, puisqu'il en a le profit.

Argan : Qu'on ait soin de me tenir un bouillon prêt, pour l'autre[3] que je dois tantôt prendre.

270 **Toinette** : Ce Monsieur Fleurant-là et ce Monsieur Purgon s'égayent bien sur[4] votre corps ; ils ont en vous une bonne vache à lait ; et je voudrais bien leur demander quel mal vous avez, pour vous faire tant de remèdes.

Argan : Taisez-vous, ignorante, ce n'est pas à vous à contrô-
275 ler les ordonnances de la médecine. Qu'on me fasse venir ma fille Angélique, j'ai à lui dire quelque chose.

Toinette : La voici qui vient d'elle-même : elle a deviné votre pensée.

---

1 *ceci* : les jetons et la tablette qui servent de calculatrice à Argan.

2 Jeu de mots, *affaires* signifiant couramment « excréments ».

3 *l'autre* : l'autre lavement.

4 *s'égayent bien sur* : s'amusent bien aux dépens de.

SCÈNE 3 : ANGÉLIQUE, TOINETTE, ARGAN

ARGAN : Approchez, Angélique ; vous venez à propos : je
280 voulais vous parler.

ANGÉLIQUE : Me voilà prête à vous ouïr[1].

ARGAN, *courant au bassin*[2] : Attendez. Donnez-moi mon bâton. Je vais revenir tout à l'heure[3].

TOINETTE, *en le raillant* : Allez vite, Monsieur, allez.
285 Monsieur Fleurant nous donne des affaires[4].

SCÈNE 4 : ANGÉLIQUE, TOINETTE

ANGÉLIQUE, *la regardant d'un œil languissant*[5], *lui dit confidemment*[6] : Toinette.

TOINETTE : Quoi ?

ANGÉLIQUE : Regarde-moi un peu.

290 **TOINETTE** : Hé bien ! je vous regarde.

ANGÉLIQUE : Toinette.

TOINETTE : Hé bien, quoi, Toinette ?

ANGÉLIQUE : Ne devines-tu point de quoi je veux parler ?

---

1 *ouïr* : écouter.
2 *bassin* : toilettes (chaise percée, située à l'extérieur de la scène).
3 *tout à l'heure* : tout de suite.
4 Jeu de mots, *chaise percée* se nomme aussi *chaise d'affaires* (« excréments »).
5 *languissant* : mélancoliquement amoureux.
6 *confidemment* : sur le ton de la confidence.

Toinette : Je m'en doute assez, de notre jeune amant[§] ; car
295 c'est sur lui, depuis six jours, que roulent[1] tous nos entretiens; et vous n'êtes point bien si vous n'en parlez à toute heure.

Angélique : Puisque tu connais cela, que[2] n'es-tu donc la première à m'en entretenir, et que ne m'épargnes-tu la
300 peine de te jeter sur ce discours[3] ?

Toinette : Vous ne m'en donnez pas le temps, et vous avez des soins là-dessus qu'il est difficile de prévenir[4].

Angélique : Je t'avoue que je ne saurais me lasser de te parler de lui, et que mon cœur profite avec chaleur[5] de tous
305 les moments de s'ouvrir à toi. Mais dis-moi, condamnes-tu, Toinette, les sentiments que j'ai pour lui ?

Toinette : Je n'ai garde.

Angélique : Ai-je tort de m'abandonner à ces douces impressions ?

310 **Toinette** : Je ne dis pas cela.

Angélique : Et voudrais-tu que je fusse insensible aux tendres protestations[6] de cette passion ardente qu'il témoigne pour moi ?

Toinette : À Dieu ne plaise !

315 **Angélique** : Dis-moi un peu, ne trouves-tu pas, comme moi, quelque chose du Ciel, quelque effet du destin, dans l'aventure inopinée[7] de notre connaissance[8] ?

---

1 *roulent* : portent.
2 *que* : pourquoi.
3 *te jeter sur ce discours* : t'amener sur ce sujet.
4 *prévenir* : devancer.
5 *chaleur* : empressement.
6 *protestations* : démonstrations.
7 *inopinée* : imprévue et soudaine.
8 *connaissance* : rencontre.

TOINETTE : Oui.

ANGÉLIQUE : Ne trouves-tu pas que cette action d'embrasser[1]
320 ma défense sans me connaître est tout à fait d'un honnête homme[2] ?

TOINETTE : Oui.

ANGÉLIQUE : Que l'on ne peut pas en user plus généreusement[3] ?

325 TOINETTE : D'accord.

ANGÉLIQUE : Et qu'il fit tout cela de la meilleure grâce du monde ?

TOINETTE : Oh ! oui.

ANGÉLIQUE : Ne trouves-tu pas, Toinette, qu'il est bien fait
330 de sa personne ?

TOINETTE : Assurément.

ANGÉLIQUE : Qu'il a l'air[4] le meilleur du monde ?

TOINETTE : Sans doute.

ANGÉLIQUE : Que ses discours, comme ses actions, ont
335 quelque chose de noble ?

TOINETTE : Cela est sûr.

ANGÉLIQUE : Qu'on ne peut rien entendre de plus passionné que tout ce qu'il me dit ?

TOINETTE : Il est vrai.

---

1 *embrasser* : prendre.
2 *honnête homme* : poli, maître de lui, distingué, modéré, cultivé (idéal du XVIIe siècle).
3 *en user plus généreusement* : se comporter plus noblement.
4 *air* : apparence.

340 **Angélique** : Et qu'il n'est rien de plus fâcheux[1] que la contrainte[2] où l'on me tient, qui bouche tout commerce aux doux empressements de cette mutuelle ardeur[3] que le Ciel nous inspire ?

Toinette : Vous avez raison.

345 **Angélique** : Mais, ma pauvre Toinette, crois-tu qu'il m'aime autant qu'il me le dit ?

Toinette : Eh, eh ! ces choses-là, parfois, sont un peu sujettes à caution. Les grimaces d'amour ressemblent fort à la vérité ; et j'ai vu de grands comédiens là-dessus.

350 **Angélique** : Ah ! Toinette, que dis-tu là ? Hélas ! de la façon qu'il parle, serait-il bien possible qu'il ne me dît pas vrai ?

Toinette : En tout cas, vous en serez bientôt éclaircie ; et la résolution où il vous écrivit hier qu'il était de vous faire demander en mariage[4] est une prompte voie à vous
355 faire connaître s'il vous dit vrai, ou non : c'en sera là la bonne preuve.

Angélique : Ah ! Toinette, si celui-là me trompe, je ne croirai de ma vie aucun homme.

Toinette : Voilà votre père qui revient.

1 *fâcheux* : ennuyant.
2 *contrainte* : surveillance.
3 *bouche […] ardeur* : nous empêche d'échanger tout témoignage de l'amour.
4 *la résolution […] mariage* : le fait qu'il vous écrivit hier qu'il était pour vous demander en mariage.

SCÈNE 5 : ARGAN, ANGÉLIQUE, TOINETTE

360 **ARGAN** *se met dans sa chaise* : Ô çà, ma fille, je vais vous dire une nouvelle, où[1] peut-être ne vous attendez-vous pas. On vous demande en mariage. Qu'est-ce que cela ? vous riez. Cela est plaisant, oui, ce mot de mariage ; il n'y a rien de plus drôle pour les jeunes filles : ah ! nature, nature ! À ce que je
365 puis voir, ma fille, je n'ai que faire de vous demander si vous voulez bien vous marier.

ANGÉLIQUE : Je dois faire, mon père, tout ce qu'il vous plaira de m'ordonner.

ARGAN : Je suis bien aise d'avoir une fille si obéissante. La
370 chose est donc conclue, et je vous ai promise.

ANGÉLIQUE : C'est à moi, mon père, de suivre aveuglément toutes vos volontés.

ARGAN : Ma femme, votre belle-mère, avait envie que je vous fisse religieuse, et votre petite sœur Louison aussi[2], et
375 de tout temps elle a été aheurtée[3] à cela.

TOINETTE, *tout bas* : La bonne bête[4] a ses raisons.

ARGAN : Elle ne voulait point consentir à ce mariage, mais je l'ai emporté, et ma parole est donnée.

ANGÉLIQUE : Ah ! mon père, que je vous suis obligée[5] de
380 toutes vos bontés.

TOINETTE : En vérité, je vous sais bon gré de cela, et voilà l'action la plus sage que vous ayez faite de votre vie.

---

1 *où* : à laquelle.
2 *et* que je fisse religieuse *votre petite sœur Louison aussi.*
3 *a été aheurtée* : s'est obstinée.
4 *bonne bête* : personne peu intelligente, mais bonne de nature (ironie).
5 *obligée* : reconnaissante.

Argan : Je n'ai point encore vu la personne ; mais on m'a dit que j'en serais content, et toi aussi.

385 **Angélique** : Assurément, mon père.

Argan : Comment l'as-tu vu ?

Angélique : Puisque votre consentement m'autorise à vous pouvoir ouvrir mon cœur, je ne feindrai[1] point de vous dire que le hasard nous a fait connaître il a six jours, et que la
390 demande qu'on vous a faite est un effet de l'inclination[2] que, dès cette première vue, nous avons prise l'un pour l'autre.

Argan : Ils ne m'ont pas dit cela ; mais j'en suis bien aise, et c'est tant mieux que les choses soient de la sorte. Ils disent que c'est un grand jeune garçon bien fait.

395 **Angélique** : Oui, mon père.

Argan : De belle taille.

Angélique : Sans doute.

Argan : Agréable de sa personne.

Angélique : Assurément.

400 **Argan** : De bonne physionomie.

Angélique : Très bonne.

Argan : Sage, et bien né.

Angélique : Tout à fait.

Argan : Fort honnête.

405 **Angélique** : Le plus honnête du monde.

Argan : Qui parle bien latin, et grec.

---

1 *ne feindrai point de* : n'hésiterai point à.

2 *inclination* : attirance.

Argan (Rémy Girard) : Elle ne voulait point consentir à ce mariage, mais je l'ai emporté, et ma parole est donnée.

Angélique (Violette Chauveau) : Ah ! mon père, que je vous suis obligée de toutes vos bontés.

Toinette (Guylaine Tremblay) : En vérité, je vous sais bon gré de cela […].

Acte I, scène 5, lignes 377 à 381.

Théâtre du Rideau Vert, 1996.
Mise en scène de Guillermo de Andrea.

Angélique : C'est ce que je ne sais pas.

Argan : Et qui sera reçu médecin dans trois jours.

Angélique : Lui, mon père ?

410 **Argan** : Oui. Est-ce qu'il ne te l'a pas dit ?

Angélique : Non vraiment. Qui vous l'a dit à vous ?

Argan : Monsieur Purgon.

Angélique : Est-ce que Monsieur Purgon le connaît ?

Argan : La belle demande ! il faut bien qu'il le connaisse,
415 puisque c'est son neveu.

Angélique : Cléante, neveu de Monsieur Purgon ?

2

Argan : Quel Cléante ? Nous parlons de celui pour qui l'on t'a demandée en mariage.

Angélique : Hé ! oui.

420 **Argan** : Hé bien, c'est le neveu de Monsieur Purgon, qui est le fils de son beau-frère le médecin, Monsieur Diafoirus ; et ce fils s'appelle Thomas Diafoirus, et non pas Cléante ; et nous avons conclu ce mariage-là ce matin, Monsieur Purgon, Monsieur Fleurant et moi, et, demain, ce gendre
425 prétendu[1] doit m'être amené par son père. Qu'est-ce ? vous voilà tout ébaubie[2] ?

Angélique : C'est, mon père, que je connais[3] que vous avez parlé d'une personne, et que j'ai entendu[4] une autre.

1 *gendre prétendu* : futur gendre.
2 *ébaubie* : stupéfaite.
3 *connais* : me rends compte.
4 *entendu* : pensé à.

TOINETTE : Quoi ? Monsieur, vous auriez fait ce dessein§
430 burlesque ? Et avec tout le bien que vous avez, vous voudriez marier votre fille avec un médecin[1] ?

ARGAN : Oui. De quoi te mêles-tu, coquine, impudente[2] que tu es ?

TOINETTE : Mon Dieu ! tout doux : vous allez d'abord[3] aux
435 invectives. Est-ce que nous ne pouvons pas raisonner ensemble sans nous emporter ? Là, parlons de sang-froid. Quelle est votre raison, s'il vous plaît, pour un tel mariage ?

ARGAN : Ma raison est que, me voyant infirme et malade comme je suis, je veux me faire un gendre et des alliés[4]
440 médecins, afin de m'appuyer[5] de bons secours contre ma maladie, d'avoir dans ma famille les sources des remèdes qui me sont nécessaires, et d'être à même[6] des consultations et des ordonnances.

TOINETTE : Hé bien ! voilà dire[7] une raison, et il y a plaisir à
445 se répondre doucement les uns aux autres. Mais, Monsieur, mettez la main à la conscience[8] : est-ce que vous êtes malade ?

ARGAN : Comment, coquine, si je suis malade ? si je suis malade, impudente ?

450 TOINETTE : Hé bien ! oui, Monsieur, vous êtes malade, n'ayons point de querelle là-dessus ; oui, vous êtes fort malade, j'en demeure d'accord, et plus malade que vous ne

1 Toinette laisse entendre que, grâce à ses richesses, Argan pourrait marier sa fille à mieux qu'un médecin, soit un noble.

2 *impudente* : insolente.

3 *d'abord* : aussitôt.

4 *alliés* : parents par alliance.

5 *m'appuyer* : m'aider.

6 *être à même* d'obtenir facilement.

7 *dire* : ce qu'on appelle.

8 *mettez la main à la conscience* : pensez-y.

pensez : voilà qui est fait. Mais votre fille doit épouser un mari pour elle ; et, n'étant point malade, il n'est pas nécessaire de lui donner un médecin.

ARGAN : C'est pour moi que je lui donne ce médecin ; et une fille de bon naturel doit être ravie d'épouser ce qui est utile à la santé de son père.

TOINETTE : Ma foi ! Monsieur, voulez-vous qu'en amie je vous donne un conseil ?

ARGAN : Quel est-il ce conseil ?

TOINETTE : De ne point songer à ce mariage-là.

ARGAN : Hé la raison ?

TOINETTE : La raison ? C'est que votre fille n'y consentira point.

ARGAN : Elle n'y consentira point ?

TOINETTE : Non.

ARGAN : Ma fille ?

TOINETTE : Votre fille. Elle vous dira qu'elle n'a que faire de Monsieur Diafoirus, ni de son fils Thomas Diafoirus, ni de tous les Diafoirus du monde.

ARGAN : J'en ai affaire[1], moi, outre que le parti est plus avantageux qu'on ne pense. Monsieur Diafoirus n'a que ce fils-là pour tout héritier ; et, de plus, Monsieur Purgon, qui n'a ni femme, ni enfants, lui donne tout son bien, en faveur de ce mariage ; et Monsieur Purgon est un homme qui a huit mille bonnes livres de rente[2].

1 *affaire* : besoin.

2 *rente* : revenu d'un capital ; à 5 %, taux légal à l'époque, 8 000 livres représentent un capital de 160 000 livres, soit approximativement 600 000 € ou 800 000 $.

TOINETTE : Il faut qu'il ait tué bien des gens, pour s'être fait si riche.

480 ARGAN : Huit mille livres de rente sont quelque chose, sans compter le bien du père.

TOINETTE : Monsieur, tout cela est bel et bon ; mais j'en reviens toujours là : je vous conseille, entre nous, de lui choisir un autre mari, et elle n'est point faite pour être 485 Madame Diafoirus.

ARGAN : Et je veux, moi, que cela soit.

TOINETTE : Eh fi[1] ! ne dites pas cela.

ARGAN : Comment, que je ne dise pas cela ?

TOINETTE : Hé non !

490 ARGAN : Et pourquoi ne le dirai-je pas ?

TOINETTE : On dira que vous ne songez pas à ce que vous dites.

ARGAN : On dira ce qu'on voudra ; mais je vous dis que je veux qu'elle exécute la parole que j'ai donnée.

495 TOINETTE : Non : je suis sûre qu'elle ne le fera pas.

ARGAN : Je l'y forcerai bien.

TOINETTE : Elle ne le fera pas, vous dis-je.

ARGAN : Elle le fera, ou je la mettrai dans un couvent.

TOINETTE : Vous ?

500 ARGAN : Moi.

TOINETTE : Bon[2].

1 *Eh fi !* : mais non !
2 *Bon* : approbation ironique.

Argan : Comment, « bon » ?

Toinette : Vous ne la mettrez point dans un couvent.

Argan : Je ne la mettrai point dans un couvent ?

505 **Toinette** : Non.

Argan : Non ?

Toinette : Non.

Argan : Ouais ! voici qui est plaisant : je ne mettrai pas ma fille dans un couvent, si je veux ?

510 **Toinette** : Non, vous dis-je.

Argan : Qui m'en empêchera ?

Toinette : Vous-même.

2

Argan : Moi ?

Toinette : Oui, vous n'aurez pas ce cœur[1]-là.

515 **Argan** : Je l'aurai.

Toinette : Vous vous moquez.

Argan : Je ne me moque point.

Toinette : La tendresse paternelle vous prendra.

Argan : Elle ne me prendra point.

520 **Toinette** : Une petite larme ou deux, des bras jetés au cou, un « mon petit papa mignon », prononcé tendrement, sera assez pour vous toucher.

Argan : Tout cela ne fera rien.

Toinette : Oui, oui.

1 *cœur* : courage.

525 **ARGAN** : Je vous dis que je n'en démordrai point.

TOINETTE : Bagatelles[1].

ARGAN : Il ne faut point dire « bagatelles ».

TOINETTE : Mon Dieu ! je vous connais, vous êtes bon naturellement.

530 **ARGAN**, *avec emportement* : Je ne suis point bon, et je suis méchant quand je veux.

TOINETTE : Doucement, Monsieur : vous ne songez pas que vous êtes malade.

ARGAN : Je lui commande absolument de se préparer à
535 prendre le mari que je dis.

TOINETTE : Et moi, je lui défends absolument d'en faire rien.

ARGAN : Où est-ce donc que nous sommes ? et quelle audace est-ce là à une coquine de servante de parler de la sorte devant son maître ?

540 **TOINETTE** : Quand un maître ne songe pas à ce qu'il fait, une servante bien sensée est en droit de le redresser[2].

ARGAN *court après Toinette* : Ah ! insolente, il faut que je t'assomme.

TOINETTE *se sauve de lui* : Il est de mon devoir de m'oppo-
545 ser aux choses qui vous peuvent déshonorer.

ARGAN, *en colère, court après elle autour de sa chaise, son bâton à la main* : Viens, viens, que je t'apprenne à parler.

TOINETTE, *courant, et se sauvant du côté de la chaise où n'est pas Argan* : Je m'intéresse[3], comme je dois, à ne vous point
550 laisser faire de folie.

1 *Bagatelles* : paroles en l'air.
2 *redresser* : corriger.
3 *m'intéresse* : me préoccupe.

ARGAN : Chienne !

TOINETTE : Non, je ne consentirai jamais à ce mariage.

ARGAN : Pendarde[1] !

TOINETTE : Je ne veux point qu'elle épouse votre Thomas
555 Diafoirus.

ARGAN : Carogne[§] !

TOINETTE : Et elle m'obéira plutôt qu'à vous.

ARGAN : Angélique, tu ne veux pas m'arrêter cette coquine-là ?

560 ANGÉLIQUE : Eh ! mon père, ne vous faites[2] point malade.

ARGAN : Si tu ne me l'arrêtes, je te donnerai ma malédiction.

TOINETTE : Et moi, je la déshériterai, si elle vous obéit.

ARGAN *se jette dans sa chaise, étant las de courir après elle* : Ah ! ah ! je n'en puis plus. Voilà pour[3] me faire mourir.

SCÈNE 6 :
BÉLINE, ANGÉLIQUE, TOINETTE, ARGAN

565 ARGAN : Ah ! ma femme, approchez.

BÉLINE : Qu'avez-vous, mon pauvre mari ?

ARGAN : Venez-vous-en ici à mon secours.

BÉLINE : Qu'est-ce que c'est donc qu'il y a, mon petit fils ?

1 *Pendarde* : digne d'être pendue (injure).
2 *faites* : rendez.
3 *pour* : de quoi.

Argan : Mamie[1].

570 **Béline** : Mon ami.

Argan : On vient de me mettre en colère !

Béline : Hélas ! pauvre petit mari. Comment donc, mon ami ?

Argan : Votre coquine de Toinette est devenue plus insolente
575 que jamais.

Béline : Ne vous passionnez[2] donc point.

Argan : Elle m'a fait enrager, mamie.

Béline : Doucement, mon fils.

Argan : Elle a contrecarré[3], une heure durant, les choses
580 que je veux faire.

Béline : Là, là, tout doux.

Argan : Et a eu l'effronterie de me dire que je ne suis point malade.

Béline : C'est une impertinente[4].

585 **Argan** : Vous savez, mon cœur, ce qui en est.

Béline : Oui, mon cœur, elle a tort.

Argan : Mamour[5], cette coquine-là me fera mourir.

Béline : Eh là, eh là !

Argan : Elle est cause de toute la bile que je fais.

---

1 *Mamie* : mon amie (élision).
2 *passionnez* : énervez.
3 *a contrecarré* : s'est opposée.
4 *impertinente* : qui agit contre le bon sens.
5 *Mamour* : mon amour (élision).

590 **Béline** : Ne vous fâchez point tant.

Argan : Et il y a je ne sais combien[1] que je vous dis de me la chasser.

Béline : Mon Dieu ! mon fils, il n'y a point de serviteurs et de servantes qui n'aient leurs défauts. On est contraint par-
595 fois de souffrir[2] leurs mauvaises qualités à cause des bonnes. Celle-ci est adroite, soigneuse, diligente[3], et surtout fidèle[4], et vous savez qu'il faut maintenant de grandes précautions pour les gens que l'on prend. Holà ! Toinette.

Toinette : Madame.

600 **Béline** : Pourquoi donc est-ce que vous mettez mon mari en colère ?

Toinette, *d'un ton doucereux*[5] : Moi, Madame, hélas ! Je ne sais pas ce que vous me voulez dire, et je ne songe qu'à complaire[6] à Monsieur en toutes choses.

605 **Argan** : Ah ! la traîtresse !

Toinette : Il nous a dit qu'il voulait donner sa fille en mariage au fils de Monsieur Diafoirus ; je lui ai répondu que je trouvais le parti avantageux pour elle ; mais que je croyais qu'il ferait mieux de la mettre dans un couvent.

610 **Béline** : Il n'y a pas grand mal à cela, et je trouve qu'elle a raison.

Argan : Ah ! mamour[§], vous la croyez. C'est une scélérate : elle m'a dit cent insolences.

---

1 *combien* de temps.
2 *souffrir* : supporter.
3 *diligente* : rapide et efficace.
4 *fidèle* : honnête.
5 *doucereux* : d'une fausse douceur.
6 *complaire à* : satisfaire.

© André Le Coz.

Argan (Edgar Fruitier) : Mamie.

Béline (Éva Darlan) : Mon ami.

Argan : On vient de me mettre en colère !

Béline : Hélas ! pauvre petit mari. Comment donc, mon ami ?

Toinette (Ghislaine Paradis)

Acte I, scène 6, lignes 569 à 573.

Théâtre du Nouveau Monde, 1973.
Mise en scène de Robert Prévost.

BÉLINE : Hé bien ! je vous crois, mon ami. Là, remettez-
615 vous. Écoutez Toinette, si vous fâchez jamais[1] mon mari, je vous mettrai dehors. Çà[2], donnez-moi son manteau fourré et des oreillers, que je l'accommode[3] dans sa chaise. Vous voilà je ne sais comment. Enfoncez bien votre bonnet jusque sur vos oreilles : il n'y a rien qui enrhume tant que de prendre
620 l'air par les oreilles.

ARGAN : Ah ! mamie§, que je vous suis obligé§ de tous les soins que vous prenez de moi !

BÉLINE, *accommodant les oreillers qu'elle met autour d'Argan* : Levez-vous, que je mette ceci sous vous. Mettons
625 celui-ci pour vous appuyer, et celui-là de l'autre côté. Mettons celui-ci derrière votre dos, et cet autre-là pour soutenir votre tête.

TOINETTE, *lui mettant rudement un oreiller sur la tête, et puis fuyant* : Et celui-ci pour vous garder du serein[4].

630 **ARGAN** *se lève en colère, et jette tous les oreillers à Toinette* : Ah ! coquine, tu veux m'étouffer.

BÉLINE : Eh là, eh là ! Qu'est-ce que c'est donc ?

ARGAN, *tout essoufflé, se jette dans sa chaise* : Ah, ah, ah ! je n'en puis plus.

635 **BÉLINE** : Pourquoi vous emporter ainsi ? Elle a cru faire bien.

ARGAN : Vous ne connaissez pas, mamour§, la malice[5] de la pendarde§. Ah ! elle m'a mis tout hors de moi ; et il faudra plus de huit médecines§, et de douze lavements, pour réparer tout ceci.

---

1 *jamais* : encore.
2 *Çà* : allez.
3 *accommode* : installe.
4 *serein* : humidité du soir.
5 *malice* : méchanceté.

© André Le Coz.

Toinette (Michèle Craig), *lui mettant rudement un oreiller sur la tête, et puis fuyant* : Et celui-ci pour vous garder du serein.

Argan (Yvon Dufour) *se lève en colère, et jette tous les oreillers à Toinette* : Ah ! coquine, tu veux m'étouffer.

Béline (Françoise Graton) : Eh là ! eh là ! Qu'est-ce que c'est donc ?

Acte I, scène 6, lignes 628 à 632.

La Nouvelle Compagnie théâtrale, 1978.
Mise en scène d'Yvan Canuel.

640 **Béline** : Là, là, mon petit ami, apaisez-vous un peu.

Argan : Mamie[§], vous êtes toute ma consolation.

Béline : Pauvre petit fils.

Argan : Pour tâcher de reconnaître l'amour que vous me portez, je veux, mon cœur, comme je vous ai dit, faire mon
645 testament.

Béline : Ah ! mon ami, ne parlons point de cela, je vous prie : je ne saurais souffrir[§] cette pensée ; et le seul mot de testament me fait tressaillir de douleur.

Argan : Je vous avais dit de parler pour cela à votre notaire[1].

650 **Béline** : Le voilà là-dedans[2], que j'ai amené avec moi.

Argan : Faites-le donc entrer, mamour[§].

Béline : Hélas ! mon ami, quand on aime bien un mari, on n'est guère en état de songer à tout cela.

SCÈNE 7 : Le Notaire, Béline, Argan

Argan : Approchez, Monsieur de Bonnefoy, approchez.
655 Prenez un siège, s'il vous plaît. Ma femme m'a dit, Monsieur, que vous étiez fort honnête homme, et tout à fait de ses amis ; et je l'ai chargée de vous parler pour un testament que je veux faire.

Béline : Hélas ! je ne suis point capable de parler de ces
660 choses-là.

1 Le notaire d'Argan aurait probablement fait des difficultés à l'arrangement projeté.

2 *là-dedans* : dans la pièce à côté.

Le Notaire : Elle m'a, Monsieur, expliqué vos intentions, et le dessein§ où vous êtes pour elle[1] ; et j'ai à vous dire là-dessus que vous ne sauriez rien donner à votre femme par votre testament.

665 **Argan** : Mais pourquoi ?

Le Notaire : La Coutume[2] y résiste. Si vous étiez en pays de droit écrit, cela se pourrait faire ; mais, à Paris, et dans les pays coutumiers, au moins dans la plupart, c'est ce qui ne se peut, et la disposition[3] serait nulle. Tout l'avantage 670 qu'homme et femme conjoints par mariage se peuvent faire l'un à l'autre, c'est un don mutuel entre vifs[4] ; encore faut-il qu'il n'y ait enfants, soit des deux conjoints, ou de l'un d'eux, lors du décès du premier mourant[5].

Argan : Voilà une Coutume bien impertinente[6], qu'un mari 675 ne puisse rien laisser à une femme dont il est aimé tendrement, et qui prend de lui tant de soin. J'aurais envie de consulter mon avocat, pour voir comment je pourrais faire.

Le Notaire : Ce n'est point à des avocats qu'il faut aller, car ils sont d'ordinaire sévères là-dessus, et s'imaginent que 680 c'est un grand crime que de disposer[7] en fraude de la loi. Ce sont gens de difficultés[8], et qui sont ignorants des détours de la conscience[9]. Il y a d'autres personnes à consulter, qui sont

1 *où vous êtes pour elle* : que vous avez planifié en sa faveur.

2 Au XVIIe siècle, au centre et au nord, la France est régie par le droit coutumier, c'est-à-dire les traditions orales, et chaque région a sa coutume ; au sud, le droit romain ou droit écrit est en usage.

3 *disposition* : fait de disposer de son bien.

4 *vifs* : personnes vivantes.

5 Le Notaire cite de mémoire la fin de l'article 280 de la *Coutume de Paris*.

6 *impertinente* : insensée.

7 *disposer* de son bien.

8 *gens* qui font des *difficultés*.

9 *détours de la conscience* : moyens pour contourner la loi, et donc avoir bonne conscience.

bien plus accommodantes, qui ont des expédients[1] pour passer doucement[2] par-dessus la loi, et rendre juste ce qui
685 n'est pas permis ; qui savent aplanir les difficultés d'une affaire, et trouver des moyens d'éluder[3] la Coutume par quelque avantage indirect. Sans cela, où en serions-nous tous les jours ? Il faut de la facilité dans les choses ; autrement nous ne ferions rien, et je ne donnerais pas un
690 sou de notre métier.

Argan : Ma femme m'avait bien dit, Monsieur, que vous étiez fort habile[4], et fort honnête homme. Comment puis-je faire, s'il vous plaît, pour lui donner mon bien, et en frustrer[5] mes enfants ?

695 **Le Notaire** : Comment vous pouvez faire ? Vous pouvez choisir doucement[§] un ami intime de votre femme, auquel vous donnerez en bonne forme[6] par votre testament tout ce que vous pouvez[7], et cet ami ensuite lui rendra tout. Vous pouvez encore contracter un grand nombre d'obligations[8],
700 non suspectes, au profit de divers créanciers[9], qui prêteront leur nom à votre femme[10], et entre les mains de laquelle ils mettront leur déclaration que ce qu'ils en ont fait n'a été que pour lui faire plaisir. Vous pouvez aussi, pendant que vous êtes en vie, mettre entre ses mains de l'argent comptant, ou
705 des billets que vous pourrez avoir, payables au porteur[11].

---

1 *expédients* : moyens plus ou moins honnêtes.
2 *doucement* : discrètement.
3 *éluder* : contourner.
4 *habile* : savant.
5 *frustrer* : priver, dépouiller.
6 *en bonne forme* : en conformité avec la loi.
7 Selon la *Coutume de Paris*, Argan pouvait détourner jusqu'à la moitié de sa fortune.
8 *obligations* : reconnaissances de dette établies par-devant notaire.
9 *créanciers* : personnes à qui on doit de l'argent.
10 À la mort d'Argan, ces créanciers remettront l'argent à Béline.
11 *billets [...] payables au porteur* : reconnaissances de dette remboursables à la personne qui les présente.

Béline : Mon Dieu ! il ne faut point vous tourmenter de tout cela. S'il vient faute de vous[1], mon fils, je ne veux plus rester au monde.

Argan : Mamie[§] !

710 **Béline** : Oui, mon ami, si je suis assez malheureuse pour vous perdre…

Argan : Ma chère femme !

Béline : La vie ne me sera plus de rien.

Argan : Mamour[§] !

715 **Béline** : Et je suivrai vos pas, pour vous faire connaître la tendresse que j'ai pour vous.

Argan : Mamie, vous me fendez le cœur. Consolez-vous, je vous en prie.

Le Notaire : Ces larmes sont hors de saison, et les choses 720 n'en sont point encore là.

Béline : Ah ! Monsieur, vous ne savez pas ce que c'est qu'un mari qu'on aime tendrement.

Argan : Tout le regret que j'aurai, si je meurs, mamie, c'est de n'avoir point un enfant de vous. Monsieur Purgon 725 m'avait dit qu'il m'en ferait faire un.

Le Notaire : Cela pourra venir encore.

Argan : Il faut faire mon testament, mamour, de la façon que Monsieur dit ; mais, par précaution, je veux vous mettre entre les mains vingt mille francs[2] en or, que j'ai dans le 730 lambris[3] de mon alcôve[4], et deux billets payables au porteur,

1 *S'il vient faute de vous* : si vous mourez.

2 Somme considérable à l'époque, valant approximativement 75 000 € actuels ou 100 000 $.

3 *lambris* : revêtement de bois sur les murs, qui dissimule ici une cachette.

4 *alcôve* : renfoncement aménagé dans une chambre pour y placer un lit.

qui me sont dus, l'un par Monsieur Damon, et l'autre par Monsieur Gérante.

Béline : Non, non, je ne veux point de tout cela. Ah ! combien dites-vous qu'il y a dans votre alcôve ?

735 **Argan** : Vingt mille francs, mamour[§].

Béline : Ne me parlez point de bien, je vous prie. Ah ! de combien sont les deux billets ?

Argan : Ils sont, mamie[§], l'un de quatre mille francs, et l'autre de six[1].

740 **Béline** : Tous les biens du monde, mon ami, ne me sont rien au prix de vous.

Le Notaire : Voulez-vous que nous procédions au testament ?

Argan : Oui, Monsieur ; mais nous serons mieux dans mon petit cabinet[2]. Mamour, conduisez-moi, je vous prie.

745 **Béline** : Allons, mon pauvre petit fils.

SCÈNE 8 : Angélique, Toinette

Toinette : Les voilà avec un notaire, et j'ai ouï[§] parler de testament. Votre belle-mère ne s'endort point, et c'est sans doute quelque conspiration contre vos intérêts où elle pousse votre père.

750 **Angélique** : Qu'il dispose de son bien à sa fantaisie[3], pourvu qu'il ne dispose point de mon cœur. Tu vois, Toinette, les

1 Valant approximativement 15 000 € actuels ou 20 000 $, et 22 500 € ou 30 000 $.
2 *cabinet* : petite pièce de travail attenante à la chambre.
3 *à sa fantaisie* : comme il veut.

Argan (Rémy Girard) : Vingt mille francs, mamour.

Béline (Linda Sorgini) : Ne me parlez point de bien, je vous prie. Ah ! de combien sont les deux billets ?

Argan: Ils sont, mamie, l'un de quatre mille francs, et l'autre de six.

Béline : Tous les biens du monde, mon ami, ne me sont rien au prix de vous.

Le Notaire (Reynald Robinson) : Voulez-vous que nous procédions au testament ?

Acte i, scène 7, lignes 735 à 742.

Théâtre du Rideau Vert, 1996.
Mise en scène de Guillermo de Andrea.

desseins[§] violents que l'on fait sur lui. Ne m'abandonne point, je te prie, dans l'extrémité[1] où je suis.

Toinette : Moi, vous abandonner ? j'aimerais mieux 755 mourir. Votre belle-mère a beau me faire sa confidente, et me vouloir jeter dans ses intérêts, je n'ai jamais pu avoir d'inclination[2] pour elle, et j'ai toujours été de votre parti. Laissez-moi faire : j'emploierai toute chose pour vous servir; mais pour vous servir avec plus d'effet, je veux 760 changer de batterie[3], couvrir[4] le zèle que j'ai pour vous, et feindre d'entrer dans les sentiments de votre père et de votre belle-mère.

Angélique : Tâche, je t'en conjure[5], de faire donner avis[6] à Cléante du mariage qu'on a conclu.

765 **Toinette** : Je n'ai personne à employer à cet office, que le vieux usurier[7] Polichinelle[8], mon amant[§], et il m'en coûtera pour cela quelques paroles de douceur, que je veux bien dépenser pour vous. Pour aujourd'hui il est trop tard; mais demain, de grand matin, je l'enverrai quérir[9], et il sera ravi 770 de…

Béline : Toinette.

Toinette : Voilà qu'on m'appelle. Bonsoir. Reposez-vous sur moi.

Fin du premier acte

Le théâtre change et représente une ville.

---

1 *extrémité* : situation désespérée.
2 *inclination* : sympathie.
3 *batterie* : méthode (métaphore militaire).
4 *couvrir* : dissimuler.
5 *conjure* : supplie.
6 *donner avis à* : prévenir.
7 *usurier* : personne qui prête à un taux nettement supérieur au taux légal.
8 *Polichinelle* : personnage traditionnel de la comédie italienne.
9 *quérir* : chercher.

PREMIER INTERMÈDE[1]

Polichinelle, dans la nuit, vient pour donner une sérénade[2] à sa
775 maîtresse[3]. Il est interrompu d'abord par des violons, contre lesquels il se met en colère, et ensuite par le Guet[4], composé de musiciens et de danseurs.

Polichinelle : *Ô amour, amour, amour, amour ! Pauvre Polichinelle, quelle diable de fantaisie t'es-tu allé mettre dans*
780 *la cervelle ? À quoi t'amuses-tu*[5]*, misérable insensé que tu es ? Tu quittes le soin de ton négoce*[6]*, et tu laisses aller tes affaires à l'abandon. Tu ne manges plus, tu ne bois presque plus, tu perds le repos de la nuit ; et tout cela pour qui ? Pour une dragonne*[7]*, franche dragonne, une diablesse qui te rembarre*[8]*, et se moque*
785 *de tout ce que tu peux lui dire. Mais il n'y a point à raisonner là-dessus. Tu le veux, amour : il faut être fou comme beaucoup d'autres. Cela n'est pas le mieux du monde à*[9] *un homme de mon âge ; mais qu'y faire ? On n'est pas sage quand on veut, et les vieilles cervelles se démontent*[10] *comme les jeunes.*

790 *Je viens voir si je ne pourrai point adoucir ma tigresse par une sérénade. Il n'y a rien parfois qui soit si touchant qu'un amant*[§] *qui vient chanter ses doléances*[11] *aux gonds et aux verrous de la porte de sa maîtresse.* (Après avoir pris son luth.) *Voici de quoi accompagner ma voix. Ô nuit ! ô chère nuit ! porte*
795 *mes plaintes amoureuses jusque dans le lit de mon inflexible*[12].

1 *intermède* : divertissement.
2 *sérénade* : concert donné la nuit sous les fenêtres de la femme aimée.
3 *maîtresse* : femme aimée.
4 *Guet* : troupe d'archers chargée, la nuit, de patrouiller les villes.
5 *t'amuses-tu* : perds-tu ton temps.
6 *négoce* : commerce.
7 *dragonne* : femme au caractère désagréable (féminin plaisant de *dragon*).
8 *rembarre* : repousse brutalement.
9 *à* : pour.
10 *démontent* : troublent.
11 *doléances* : plaintes.
12 *mon inflexible* : celle qui reste insensible à mon amour.

(Il chante ces paroles[1]) :

Notte e dì v' amo e v' adoro,
Cerco un sì per mio ristoro;
Ma se voi dite di no,
800 *Bell' ingrata, io morirò.*

Fra la speranza
S' affligé il cuore,
In lontananza
Consuma l'hore;
805 *Si dolce inganno*
Che mi figura
Breve l'affanno
Ahi ! troppo dura !
Cosi per tropp' amar
[languisco e muoro.

810 *Notte e dì v' amo e v' adoro,*
Cerco un sì per mio ristoro;
Ma se voi dite di no,
Bell' ingrata, io morirò.

Se non dormite,
815 *Almen pensate*
Alle ferite
Ch' al cuor mi fate;
Deh ! almen fingete,
Per mio conforto,
820 *Se m' uccidete,*
D'haver il torto :
Vostra pietà mi scemerà il
[martoro.

[Traduction]

Nuit et jour, je vous aime et je vous adore.
J'espère un «oui» pour mon réconfort.
Mais si vous dites «non» encore,
Belle ingrate, ce sera ma mort.

Dans l'espérance,
S'attriste le cœur;
Dans l'absence,
Se consument les heures.
La si douce illusion
Qui me porte à croire
Qu'est proche la fin de mon tourment,
Hélas ! dure trop !
Ainsi, de trop aimer, je souffre et
[je meurs.

Nuit et jour, je vous aime et je vous adore.
J'espère un «oui» pour mon réconfort.
Mais si vous dites «non» encore,
Belle ingrate, ce sera ma mort.

Si vous ne dormez pas,
Au moins pensez
Aux blessures
Qu'au cœur vous me faites.
Ah ! au moins feignez,
Pour mon réconfort,
Si vous me tuez,
D'en avoir du remords;
Votre pitié diminuera mon
[martyre.

1 Les couplets en italien ne sont probablement pas de Molière. Ils ont été ajoutés après sa mort.

	Notte e dì v' amo e v' adoro,	Nuit et jour, je vous aime et je vous adore.
	Cerco un sì per mio ristoro;	J'espère un «oui» pour mon réconfort.
825	*Ma se voi dite di no,*	Mais si vous dites «non» encore,
	Bell' ingrata, io morirò.	Belle ingrate, ce sera ma mort.

UNE VIEILLE se présente à la fenêtre, et répond au seignor Polichinelle en se moquant de lui.

	Zerbinetti, ch' ogn' hor con [finti sguardi,	Jeunes prétentieux, à toute heure, [avec des regards trompeurs,
830	*Mentiti desiri,*	Des désirs menteurs,
	Fallaci sospiri,	Des soupirs hypocrites
	Accenti bugiardi,	Et de faux serments,
	Di fede vi pregiate,	Vous vous vantez d'être fidèles,
	Ah ! che non m' ingannate,	Ah ! comme vous ne me trompez pas.
835	*Che gìa so per prova*	Je sais par expérience
	Ch' in voi non si trova	Qu'on ne trouve en vous
	Constanza ne fede:	Ni constance ni fidélité.
	Oh ! quanto è pazza colei [che vi crede !	Oh ! comme elle est folle celle qui [vous croit !
	Quei sguardi languidi	Les regards langoureux
840	*Non m' innamorano,*	Ne me troublent plus.
	Quei sospir fervidi	Les soupirs brûlants
	Più non m' infiammano,	Ne m'enflamment plus.
	Vel giuro a fè.	Je vous le jure sur ma foi.
	Zerbino misero,	Pauvres prétentieux,
845	*Del vostro piangere*	De toutes vos plaintes
	Il mio cor libero	Mon cœur libéré
	Vuol sempre ridere,	Veut toujours se moquer.
	Credet' a me:	Croyez-moi.
	Che già so per prova	Je sais par expérience
850	*Ch' in voi non si trova*	Qu'on ne trouve en vous
	Constanza ne fede:	Ni constance ni fidélité.
	Oh ! quanto è pazza colei [che vi crede !	Oh ! comme elle est folle celle qui [vous croit !

(Violons.)

Polichinelle : *Quelle impertinente*§ *harmonie vient interrompre ici ma voix ?*

(Violons.)

855 **Polichinelle** : *Paix là, taisez-vous, violons. Laissez-moi me plaindre à mon aise des cruautés de mon inexorable*[1].

(Violons.)

Polichinelle : *Taisez-vous, vous dis-je. C'est moi qui veux chanter.*

(Violons.)

Polichinelle : *Paix donc !*

(Violons.)

860 **Polichinelle** : *Ouais !*

(Violons.)

Polichinelle : *Ahi !*

(Violons.)

Polichinelle : *Est-ce pour rire ?*

(Violons.)

Polichinelle : *Ah ! que de bruit !*

(Violons.)

Polichinelle : *Le diable vous emporte !*

(Violons.)

865 **Polichinelle** : *J'enrage.*

(Violons.)

Polichinelle : *Vous ne vous tairez pas ? Ah, Dieu soit loué !*

(Violons.)

Polichinelle : *Encore ?*

(Violons.)

1 *inexorable* : celle qui ne se laisse pas fléchir.

POLICHINELLE (Gabriel Gascon) : *Encore ?*

PREMIER INTERMÈDE, ligne 867.

THÉÂTRE DU NOUVEAU MONDE, 1956.
Mise en scène de Jean Gascon.

Polichinelle : *Peste des violons !*

(Violons.)

Polichinelle : *La sotte musique que voilà !*

(Violons.)

870 **Polichinelle** : *La, la, la, la, la, la.*

(Violons.)

Polichinelle : *La, la, la, la, la, la.*

(Violons.)

Polichinelle : *La, la, la, la, la, la, la, la.*

(Violons.)

Polichinelle : *La, la, la, la, la.*

(Violons.)

Polichinelle : *La, la, la, la, la, la.*

(Violons.)

875 **Polichinelle** : *Par ma foi ! cela me divertit. Poursuivez, Messieurs les Violons, vous me ferez plaisir. Allons donc, continuez. Je vous en prie. Voilà le moyen de les faire taire. La musique est accoutumée à ne point faire ce qu'on veut*[1]*. Ho sus, à nous ! Avant que de chanter, il faut que je prélude*[2] *un peu, et joue*
880 *quelque pièce, afin de mieux prendre mon ton.* Plan, plan, plan. Plin, plin, plin. *Voilà un temps fâcheux*[§] *pour mettre un luth d'accord*[3], Plin, plin, plin. Plin tan plan. Plin, plin. *Les cordes ne tiennent point par ce temps-là.* Plin, plan. *J'entends du bruit, mettons mon luth contre la porte.*

885 **Archers** : *Qui va là, qui va là ?*

1 Depuis leur arrivée sur scène (l. 853), les joueurs de violon ont empêché Polichinelle de chanter. Ils s'arrêtent dès que ce dernier leur demande de continuer.

2 *je prélude* : j'essaie ma voix.

3 *mettre un luth d'accord* : accorder un luth.

POLICHINELLE : *Qui diable est cela ? Est-ce que c'est la mode de parler en musique*[1] *?*

ARCHERS : *Qui va là, qui va là, qui va là ?*

POLICHINELLE : *Moi, moi, moi.*

890 **ARCHERS** : *Qui va là, qui va là ? vous dis-je.*

POLICHINELLE : *Moi, moi, vous dis-je.*

ARCHERS : *Et qui toi ? et qui toi ?*

POLICHINELLE : *Moi, moi, moi, moi, moi, moi.*

ARCHERS

Dis ton nom, dis ton nom, sans davantage attendre.

POLICHINELLE

895 *Mon nom est : « Va te faire pendre. »*

ARCHERS

Ici, camarades, ici.
Saisissons l'insolent qui nous répond ainsi.

ENTRÉE DE BALLET

Tout le Guet[§] vient, qui cherche Polichinelle dans la nuit.

(Violons et danseurs.)

POLICHINELLE :

Qui va là ?

(Violons et danseurs.)

POLICHINELLE

900 *Qui sont les coquins que j'entends ?*

(Violons et danseurs.)

POLICHINELLE : *Euh ?*

(Violons et danseurs.)

1 Allusion satirique à l'opéra et à Lully, qui étaient en passe de détrôner la comédie-ballet et Molière dans l'estime de Louis XIV.

Polichinelle

Holà, mes laquais, mes gens[1] *!*

(Violons et danseurs.)

Polichinelle

Par la mort !

(Violons et danseurs.)

Polichinelle

Par le sang[2] *!*

(Violons et danseurs.)

Polichinelle

905 *J'en jetterai par terre.*

(Violons et danseurs.)

Polichinelle

Champagne, Poitevin, Picard, Basque, Breton[3] *!*

(Violons et danseurs.)

Polichinelle

Donnez-moi mon mousqueton[4]*.*

(Violons et danseurs.)

Polichinelle, tire un coup de pistolet : *Poue.*

(Ils tombent tous et s'enfuient.)

Polichinelle : *Ah, ah, ah, ah, comme je leur ai donné*
910 *l'épouvante ! Voilà de sottes gens d'avoir peur de moi, qui ai peur des autres. Ma foi ! il n'est que de jouer d'adresse en ce monde. Si je n'avais tranché*[5] *du grand seigneur, et n'avais fait le brave, ils n'auraient pas manqué de me happer*[6]*. Ah, ah, ah.*

---

1 *gens* : serviteurs.
2 *Par la mort* de Dieu *! Par le sang* de Dieu *!* : jurons.
3 Polichinelle appelle ses serviteurs imaginaires en leur donnant, selon l'usage, le nom de leur région respective.
4 *mousqueton* : fusil.
5 *tranché* : pris les airs.
6 *happer* : attraper.

ARCHERS

Nous le tenons. À nous, camarades, à nous :
915 *Dépêchez, de la lumière.*

BALLET

Tout le Guet§ vient avec des lanternes.

ARCHERS

Ah, traître ! ah, fripon ! c'est donc vous ?
Faquin, maraud[1], *pendard*§, *impudent*§, *téméraire,*
Insolent, effronté, coquin, filou, voleur,
920 *Vous osez nous faire peur ?*

POLICHINELLE

Messieurs, c'est que j'étais ivre.

ARCHERS

Non, non, non, point de raison ;
Il faut vous apprendre à vivre.
En prison, vite, en prison.

925 **POLICHINELLE** : *Messieurs, je ne suis point voleur.*

ARCHERS : *En prison.*

POLICHINELLE : *Je suis un bourgeois de la ville.*

ARCHERS : *En prison.*

POLICHINELLE : *Qu'ai-je fait ?*

930 **ARCHERS** : *En prison, vite, en prison.*

POLICHINELLE : *Messieurs, laissez-moi aller.*

ARCHERS : *Non.*

POLICHINELLE : *Je vous prie.*

ARCHERS : *Non.*

---

1 *Faquin, maraud* : vaurien.

935 **Polichinelle** : *Eh !*

Archers : *Non.*

Polichinelle : *De grâce.*

Archers : *Non, non.*

Polichinelle : *Messieurs.*

940 **Archers** : *Non, non, non.*

Polichinelle : *S'il vous plaît.*

Archers : *Non, non.*

Polichinelle : *Par charité.*

Archers : *Non, non.*

945 **Polichinelle** : *Au nom du Ciel !*

Archers : *Non, non.*

Polichinelle : *Miséricorde !*

Archers

Non, non, non, point de raison ;
Il faut vous apprendre à vivre.
950 *En prison vite, en prison.*

Polichinelle : *Eh ! n'est-il rien, Messieurs, qui soit capable d'attendrir vos âmes ?*

Archers

Il est aisé de nous toucher,
Et nous sommes humains plus qu'on ne saurait croire ;
955 *Donnez-nous doucement six pistoles*[1] *pour boire,*
Nous allons vous lâcher.

---

1 Ancienne monnaie espagnole ou italienne, la *pistole* vaut 11 livres, soit environ 42 € actuels ou 55 $.

POLICHINELLE : *Hélas ! Messieurs, je vous assure que je n'ai pas un sou sur moi.*

ARCHERS

Au défaut de six pistoles,
960 *Choisissez donc sans façon*
D'avoir trente croquignoles[1]*,*
Ou douze coups de bâton.

POLICHINELLE : *Si c'est une nécessité, et qu'il faille en passer par-là, je choisis les croquignoles.*

ARCHERS

965 *Allons, préparez-vous,*
Et comptez bien les coups.

BALLET

Les Archers danseurs lui donnent des croquignoles en cadence.

POLICHINELLE : *Un et deux, trois et quatre, cinq et six, sept et huit, neuf et dix, onze et douze, et treize, et quatorze, et*
970 *quinze.*

ARCHERS

Ah, ah, vous en voulez passer :
Allons, c'est à recommencer.

POLICHINELLE : *Ah ! Messieurs, ma pauvre tête n'en peut plus, et vous venez de me la rendre comme une pomme cuite.*
975 *J'aime mieux encore les coups de bâton que de recommencer.*

ARCHERS

Soit ! puisque le bâton est pour vous plus charmant,
Vous aurez contentement.

1 *croquignoles* : coups donnés au visage ou à la tête du revers de la main.

BALLET

Les Archers danseurs lui donnent des coups de bâton en cadence.

POLICHINELLE : *Un, deux, trois, quatre, cinq, six, ah, ah, ah,*
980 *je n'y saurais plus résister. Tenez, Messieurs, voilà six pistoles que je vous donne.*

ARCHERS

Ah, l'honnête homme§ *! Ah, l'âme noble et belle !*
Adieu, seigneur, adieu, seigneur Polichinelle.

POLICHINELLE : *Messieurs, je vous donne le bonsoir.*

985 ARCHERS : *Adieu, seigneur, adieu, seigneur Polichinelle.*

POLICHINELLE : *Votre serviteur.*

ARCHERS : *Adieu, seigneur, adieu, seigneur Polichinelle.*

POLICHINELLE : *Très humble valet.*

ARCHERS : *Adieu, seigneur, adieu, seigneur Polichinelle.*

990 POLICHINELLE : *Jusqu'au revoir.*

BALLET

Ils dansent tous, en réjouissance de l'argent qu'ils ont reçu. Le théâtre change et représente la même chambre.

SCÈNE 1 : Toinette, Cléante

Toinette : Que demandez-vous, Monsieur ?

Cléante : Ce que je demande ?

995 Toinette : Ah, ah, c'est vous ? Quelle surprise ! Que venez-vous faire céans[1] ?

Cléante : Savoir ma destinée, parler à l'aimable[2] Angélique, consulter les sentiments de son cœur, et lui demander ses résolutions sur ce mariage fatal[3] dont on m'a averti.

1000 Toinette : Oui, mais on ne parle pas comme cela de but en blanc[4] à Angélique : il y faut des mystères[5], et l'on vous a dit l'étroite garde où elle est retenue, qu'on ne la laisse ni sortir, ni parler à personne, et que ce ne fut que la curiosité d'une vieille tante[6] qui nous fit accorder la liberté d'aller à cette 1005 comédie qui donna lieu à la naissance de votre passion ; et nous nous sommes bien gardées de parler de cette aventure.

Cléante : Aussi ne viens-je pas ici comme Cléante et sous l'apparence de son amant[§], mais comme ami de son maître de musique, dont j'ai obtenu le pouvoir de dire qu'il m'en-1010 voie à sa place.

Toinette : Voici son père. Retirez-vous[7] un peu, et me laissez lui dire que vous êtes là.

1 *céans* : ici.
2 *aimable* : digne d'être aimée.
3 *fatal* : funeste.
4 *de but en blanc* : sans précautions (langage militaire).
5 *mystères* : précautions.
6 *curiosité d'une vieille tante* : intérêt que la tante porte à sa nièce.
7 *Retirez-vous* : éloignez-vous.

SCÈNE 2 : ARGAN, TOINETTE, CLÉANTE

ARGAN : Monsieur Purgon m'a dit de me promener le matin dans ma chambre, douze allées, et douze venues ; mais j'ai
1015 oublié à[1] lui demander si c'est en long, ou en large.

TOINETTE : Monsieur, voilà un…

ARGAN : Parle bas, pendarde[§] : tu viens m'ébranler tout le cerveau, et tu ne songes pas qu'il ne faut point parler si haut à des malades.

1020 TOINETTE : Je voulais vous dire, Monsieur…

ARGAN : Parle bas, te dis-je.

TOINETTE : Monsieur…

Elle fait semblant de parler.

ARGAN : Eh ?

1025 TOINETTE : Je vous dis que…

Elle fait semblant de parler.

ARGAN : Qu'est-ce que tu dis ?

TOINETTE, *haut* : Je dis que voilà un homme qui veut parler à vous[2].

1030 ARGAN : Qu'il vienne.

Toinette fait signe à Cléante d'avancer.

CLÉANTE : Monsieur…

TOINETTE, *raillant* : Ne parlez pas si haut, de peur d'ébranler le cerveau de Monsieur.

---

1 *à* : de.

2 *parler à vous* : vous parler (tournure familière).

1035 **Cléante** : Monsieur, je suis ravi de vous trouver debout et de voir que vous vous portez mieux.

Toinette, *feignant d'être en colère*: Comment «qu'il se porte mieux» ? Cela est faux : Monsieur se porte toujours mal.

1040 **Cléante** : J'ai ouï[§] dire que Monsieur était mieux, et je lui trouve bon visage.

Toinette : Que voulez-vous dire avec votre bon visage ? Monsieur l'a fort mauvais, et ce sont des impertinents[§] qui vous ont dit qu'il était mieux. Il ne s'est jamais si mal porté.

1045 **Argan** : Elle a raison.

Toinette : Il marche, dort, mange, et boit tout comme les autres ; mais cela n'empêche pas qu'il ne soit fort malade.

Argan : Cela est vrai.

Cléante : Monsieur, j'en suis au désespoir. Je viens de la 1050 part du maître à chanter de Mademoiselle votre fille. Il s'est vu obligé d'aller à la campagne pour quelques jours ; et comme son ami intime[1], il m'envoie à sa place, pour lui continuer ses leçons, de peur qu'en les interrompant elle ne vînt à oublier ce qu'elle sait déjà.

1055 **Argan** : Fort bien. Appelez Angélique.

Toinette : Je crois, Monsieur, qu'il sera mieux de mener Monsieur à sa chambre.

Argan : Non ; faites-la venir.

Toinette : Il ne pourra lui donner leçon comme il faut, s'ils 1060 ne sont en particulier[2].

---

1 *comme* je suis *son ami intime.*

2 *en particulier* : seuls.

Argan : Si fait, si fait.

Toinette : Monsieur, cela ne fera que vous étourdir, et il ne faut rien pour vous émouvoir[1] en l'état où vous êtes, et vous ébranler le cerveau.

1065 **Argan** : Point, point : j'aime la musique, et je serai bien aise, de… Ah ! la voici. Allez-vous-en voir, vous, si ma femme est habillée.

SCÈNE 3 : Argan, Angélique, Cléante

Argan : Venez, ma fille : votre maître de musique est allé aux champs[2], et voilà une personne qu'il envoie à sa place
1070 pour vous montrer[3].

Angélique : Ah, Ciel !

Argan : Qu'est-ce ? d'où vient cette surprise ?

Angélique : C'est…

Argan : Quoi ? qui vous émeut de la sorte ?

1075 **Angélique** : C'est, mon père, une aventure surprenante qui se rencontre[4] ici.

Argan : Comment ?

Angélique : J'ai songé[5] cette nuit que j'étais dans le plus grand embarras du monde, et qu'une personne faite tout

1 *émouvoir* : indisposer.
2 *aux champs* : à la campagne.
3 *montrer* : enseigner la musique.
4 *se rencontre* : arrive.
5 *songé* : rêvé.

1080 comme Monsieur s'est présentée à moi, à qui j'ai demandé secours, et qui m'est venue tirer de la peine où j'étais ; et ma surprise a été grande de voir inopinément[1], en arrivant ici, ce que j'ai eu dans l'idée toute la nuit.

Cléante : Ce n'est pas être malheureux que d'occuper votre 1085 pensée, soit en dormant, soit en veillant[2], et mon bonheur serait grand sans doute si vous étiez dans quelque peine dont vous me jugeassiez digne de vous tirer ; et il n'y a rien que je ne fisse pour…

SCÈNE 4 :
Toinette, Cléante, Angélique, Argan

Toinette, *par dérision*[3] : Ma foi, Monsieur, je suis pour 1090 vous[4] maintenant, et je me dédis[5] de tout ce que je disais hier. Voici Monsieur Diafoirus le père, et Monsieur Diafoirus le fils, qui viennent vous rendre visite. Que vous serez bien engendré[6] ! Vous allez voir le garçon le mieux fait du monde, et le plus spirituel. Il n'a dit que deux mots, qui 1095 m'ont ravie, et votre fille va être charmée de lui.

Argan, *à Cléante, qui feint de vouloir s'en aller* : Ne vous en allez point, Monsieur. C'est que je marie ma fille ; et voilà qu'on lui amène son prétendu mari[7], qu'elle n'a point encore vu.

1 *inopinément* : de façon imprévue.
2 *veillant* : étant éveillée.
3 *dérision* : ironie.
4 *pour vous* : de votre avis.
5 *me dédis de* : retire.
6 *bien engendré* : pourvu d'un bon gendre (jeu de mots avec le sens «donner la vie»).
7 *prétendu mari* : futur mari.

1100 **Cléante** : C'est m'honorer beaucoup, Monsieur, de vouloir que je sois témoin d'une entrevue si agréable.

Argan : C'est le fils d'un habile§ médecin, et le mariage se fera dans quatre jours.

Cléante : Fort bien.

1105 **Argan** : Mandez-le[1] un peu à son maître de musique, afin qu'il se trouve à la noce.

Cléante : Je n'y manquerai pas.

Argan : Je vous y prie[2] aussi.

Cléante : Vous me faites beaucoup d'honneur.

1110 **Toinette** : Allons, qu'on se range[3], les voici.

SCÈNE 5 : MONSIEUR DIAFOIRUS, THOMAS DIAFOIRUS, ARGAN, ANGÉLIQUE, CLÉANTE, TOINETTE

Argan, *mettant la main à son bonnet sans l'ôter* : Monsieur Purgon, Monsieur, m'a défendu de découvrir ma tête. Vous êtes du métier, vous savez les conséquences.

3

Monsieur Diafoirus : Nous sommes dans toutes nos visites
1115 pour[4] porter secours aux malades, et non pour leur porter de l'incommodité.

Argan : Je reçois, Monsieur…

1 *Mandez-le* : faites-le savoir.

2 *prie* : invite.

3 *qu'on se range* : qu'on fasse de la place (employé à l'entrée de personnes importantes).

4 *sommes […] pour* : devons.

Argan (Guy Hoffmann) [...] : Monsieur Purgon, Monsieur, m'a défendu de découvrir ma tête. Vous êtes du métier, vous savez les conséquences.

Monsieur Diafoirus (Jean-Pierre Masson) : Nous sommes dans toutes nos visites pour porter secours aux malades, et non pour leur porter de l'incommodité.

Angélique (Diane Giguère)

Acte ii, scène 5, lignes 1111 à 1116.

Théâtre du Nouveau Monde, 1956.
Mise en scène de Jean Gascon.

Ils parlent tous deux en même temps, s'interrompent et confondent[1].

1120 **Monsieur Diafoirus** : Nous venons ici, Monsieur…

Argan : Avec beaucoup de joie…

Monsieur Diafoirus : Mon fils Thomas, et moi…

Argan : L'honneur que vous me faites…

Monsieur Diafoirus : Vous témoigner, Monsieur…

1125 **Argan** : Et j'aurais souhaité…

Monsieur Diafoirus : Le ravissement où nous sommes…

Argan : De pouvoir aller chez vous…

Monsieur Diafoirus : De la grâce que vous nous faites…

3

Argan : Pour vous en assurer…

1130 **Monsieur Diafoirus** : De vouloir bien nous recevoir…

Argan : Mais vous savez, Monsieur…

Monsieur Diafoirus : Dans l'honneur, Monsieur…

Argan : Ce que c'est qu'un pauvre malade…

Monsieur Diafoirus : De votre alliance[2]…

1135 **Argan** : Qui ne peut faire autre chose…

Monsieur Diafoirus : Et vous assurer…

Argan : Que de vous dire ici…

Monsieur Diafoirus : Que dans les choses qui dépendront de notre métier…

1 *confondent* : mélangent leurs propos.

2 *alliance* : parenté par le mariage des enfants.

1140 **Argan** : Qu'il cherchera toutes les occasions…

Monsieur Diafoirus : De même qu'en toute autre…

Argan : De vous faire connaître, Monsieur…

Monsieur Diafoirus : Nous serons toujours prêts, Monsieur…

1145 **Argan** : Qu'il est tout à votre service…

Monsieur Diafoirus : À vous témoigner notre zèle[1]. (*Il se retourne vers son fils et lui dit.*) Allons, Thomas, avancez. Faites vos compliments[2].

Thomas Diafoirus *est un grand benêt*[3]*, nouvellement sorti*
1150 *des Écoles, qui fait toutes choses de mauvaise grâce*[4] *et à contretemps* : N'est-ce pas par le père qu'il convient de commencer ?

Monsieur Diafoirus : Oui.

Thomas Diafoirus : Monsieur, je viens saluer, reconnaître,
1155 chérir, et révérer[5] en vous un second père ; mais un second père auquel j'ose dire que je me trouve plus redevable qu'au premier. Le premier m'a engendré ; mais vous m'avez choisi. Il m'a reçu par nécessité ; mais vous m'avez accepté par grâce[6]. Ce que je tiens de lui est un ouvrage de son
1160 corps ; mais ce que je tiens de vous est un ouvrage de votre volonté ; et d'autant plus que les facultés spirituelles sont au-dessus des corporelles, d'autant plus je vous dois, et

1 *zèle* : dévouement.
2 *compliments* : discours de politesse à une personne de marque.
3 *benêt* : imbécile.
4 *de mauvaise grâce* : maladroitement.
5 *révérer* : honorer.
6 *par grâce* : par faveur.

d'autant plus[1] je tiens précieuse cette future filiation[2], dont je viens aujourd'hui vous rendre par avance les très humbles
1165 et très respectueux hommages.

TOINETTE : Vivent les collèges, d'où l'on sort si habile[§] homme !

THOMAS DIAFOIRUS : Cela a-t-il bien été, mon père ?

MONSIEUR DIAFOIRUS : *Optime*[3].

1170 ARGAN, *à Angélique* : Allons, saluez Monsieur.

THOMAS DIAFOIRUS : Baiserai-je[4] ?

MONSIEUR DIAFOIRUS : Oui, oui.

3

THOMAS DIAFOIRUS, *à Angélique* : Madame, c'est avec justice que le Ciel vous a concédé le nom de belle-mère,
1175 puisque l'on…

ARGAN : Ce n'est pas ma femme, c'est ma fille à qui vous parlez.

THOMAS DIAFOIRUS : Où donc est-elle ?

ARGAN : Elle va venir.

1180 THOMAS DIAFOIRUS : Attendrai-je, mon père, qu'elle soit venue ?

MONSIEUR DIAFOIRUS : Faites toujours le compliment[§] de Mademoiselle.

---

1 *d'autant plus que […] d'autant plus […] d'autant plus* : tournure lourde et ridicule au XVIIe siècle ; quant au contenu, Thomas Diafoirus s'inspire de Cicéron.

2 *filiation* : descendance de père en fils (par son mariage avec Angélique, Thomas Diafoirus deviendrait le fils d'Argan).

3 *Optime* : très bien (en latin).

4 *Baiserai-je* : dois-je l'embrasser, probablement sur la joue (usage vieillot au XVIIe siècle).

THOMAS DIAFOIRUS : Mademoiselle, ne[1] plus ne moins que
1185 la statue de Memnon[2] rendait un son harmonieux, lorsqu'elle venait à être éclairée des rayons du soleil : tout de même me sens-je animé d'un doux transport[3] à l'apparition du soleil de vos beautés. Et comme les naturalistes[4] remarquent que la fleur nommée héliotrope[5] tourne sans cesse
1190 vers cet astre du jour, aussi mon cœur dores-en-avant[6] tournera-t-il toujours vers les astres resplendissants de vos yeux adorables, ainsi que vers son pôle unique[7]. Souffrez donc, Mademoiselle, que j'appende[8] aujourd'hui à l'autel de vos charmes l'offrande de ce cœur, qui ne respire et
1195 n'ambitionne autre gloire, que d'être toute sa vie, Mademoiselle, votre très humble, très obéissant, et très fidèle serviteur et mari.

TOINETTE, *en le raillant* : Voilà ce que c'est que d'étudier, on apprend à dire de belles choses.

1200 **ARGAN** : Eh ! que dites-vous de cela ?

CLÉANTE : Que Monsieur fait merveilles, et que s'il est aussi bon médecin qu'il est bon orateur, il y aura plaisir à être de ses malades.

TOINETTE : Assurément. Ce sera quelque chose d'admirable
1205 s'il fait d'aussi belles cures[9] qu'il fait de beaux discours.

3

1 *Ne* mis pour *ni* est archaïque ou populaire au XVIIe siècle.
2 Érigée à Thèbes (Égypte), la colossale *statue de Memnon*, fils d'Aurore, laissait échapper un son musical au lever du soleil. La comparaison était à l'époque un lieu commun.
3 *transport* : émotion.
4 *naturalistes* : savants en sciences naturelles.
5 *héliotrope* : tournesol, dont la fleur se tourne vers le soleil.
6 *dores-en-avant* : dorénavant. Thomas Diafoirus utilise un mot vieilli au XVIIe siècle et l'article de façon pédante.
7 *unique* : magnétique.
8 *que j'appende* : que je suspende (vocabulaire de la religion).
9 *cures* : traitements.

ARGAN : Allons vite ma chaise, et des sièges[1] à tout le monde. Mettez-vous là, ma fille. Vous voyez, Monsieur, que tout le monde admire Monsieur votre fils, et je vous trouve bien heureux de vous voir un garçon comme cela.

1210 MONSIEUR DIAFOIRUS : Monsieur, ce n'est pas parce que je suis son père, mais je puis dire que j'ai sujet d'être content de lui, et que tous ceux qui le voient en parlent comme d'un garçon qui n'a point de méchanceté. Il n'a jamais eu l'imagination bien vive, ni ce feu[2] d'esprit qu'on remarque dans 1215 quelques-uns ; mais c'est par-là que j'ai toujours bien auguré de sa judiciaire[3], qualité requise pour l'exercice de notre art. Lorsqu'il était petit, il n'a jamais été ce qu'on appelle mièvre[4] et éveillé. On le voyait toujours doux, paisible, et taciturne[5], ne disant jamais mot, et ne jouant jamais à 1220 tous ces petits jeux que l'on nomme enfantins. On eut toutes les peines du monde à lui apprendre à lire, et il avait neuf ans, qu'il ne connaissait pas encore ses lettres. « Bon, disais-je en moi-même, les arbres tardifs sont ceux qui portent les meilleurs fruits ; on grave sur le marbre bien 1225 plus malaisément que sur le sable ; mais les choses y sont conservées bien plus longtemps, et cette lenteur à comprendre, cette pesanteur d'imagination, est la marque d'un bon jugement à venir. » Lorsque je l'envoyai au collège, il trouva de la peine ; mais il se roidissait contre les difficultés, et 1230 ses régents[6] se louaient toujours à moi de son assiduité, et de son travail. Enfin, à force de battre le fer[7], il en est venu glorieusement à avoir ses licences ; et je puis dire sans

1 Une tradition scénique veut qu'on offre une chaise haute à Thomas Diafoirus.
2 *feu* : vivacité.
3 *auguré de sa judiciaire* : eu confiance en son jugement.
4 *mièvre* : vif et malicieux (sens ancien).
5 *taciturne* : silencieux.
6 *régents* : professeurs.
7 *battre le fer* : travailler (terme d'escrime).

vanité que depuis deux ans qu'il est sur les bancs[1], il n'y a point de candidat qui ait fait plus de bruit que lui dans
1235 toutes les disputes[2] de notre École. Il s'y est rendu redoutable, et il ne s'y passe point d'acte[3] où il n'aille argumenter à outrance[4] pour la proposition contraire. Il est ferme dans la dispute, fort comme un Turc sur ses principes, ne démord jamais de son opinion, et poursuit un raisonnement jusque
1240 dans les derniers recoins de la logique. Mais sur toute chose ce qui me plaît en lui, et en quoi il suit mon exemple, c'est qu'il s'attache aveuglément aux opinions de nos anciens, et que jamais il n'a voulu comprendre ni écouter les raisons et les expériences des prétendues découvertes de notre siè-
1245 cle, touchant la circulation du sang[5], et autres opinions de même farine[6].

Thomas Diafoirus. *Il tire une grande thèse roulée*[7] *de sa poche, qu'il présente à Angélique* : J'ai contre les circulateurs[8] soutenu une thèse, qu'avec la permission de Monsieur, j'ose
1250 présenter à Mademoiselle, comme un hommage que je lui dois des prémices[9] de mon esprit.

Angélique : Monsieur, c'est pour moi un meuble[10] inutile, et je ne me connais pas à ces choses-là.

---

1 *sur les bancs* [des bacheliers] : à 25 ans, après deux ans d'études, le futur médecin obtenait son baccalauréat; deux autres années pour ses licences et une année supplémentaire pour le doctorat.

2 *disputes* : examens oraux sous forme de discussions entre examinateurs et examiné, auxquelles participent les autres élèves.

3 *acte* : soutenance de thèse.

4 *à outrance* : jusqu'au bout.

5 La circulation du sang a été découverte par William Harvey en 1619.

6 *de même farine* : de même genre, ici sans valeur.

7 *thèse roulée* : sorte d'affiche, ornée parfois d'une gravure, enrubannée même, sur laquelle était inscrit le titre des questions soumises à la discussion.

8 *circulateurs* : ceux qui soutiennent la théorie de la circulation du sang. En latin, *circulator* signifie «charlatan» (jeu de mots).

9 *prémices* : premières productions.

10 *meuble* : objet encombrant (sens péjoratif).

TOINETTE : Donnez, donnez, elle est toujours bonne à pren-
1255 dre pour l'image ; cela servira à parer notre chambre.

THOMAS DIAFOIRUS : Avec la permission aussi de Monsieur, je vous invite à venir voir l'un de ces jours, pour vous divertir, la dissection d'une femme[1], sur quoi je dois raisonner.

TOINETTE : Le divertissement sera agréable. Il y en a qui
1260 donnent la comédie à leurs maîtresses[§] ; mais donner une dissection est quelque chose de plus galant[2].

MONSIEUR DIAFOIRUS : Au reste, pour ce qui est des qualités requises pour le mariage et la propagation[3], je vous assure que, selon les règles de nos docteurs, il est tel qu'on le
1265 peut souhaiter, qu'il possède en un degré louable la vertu prolifique[4] et qu'il est du tempérament qu'il faut pour engendrer et procréer des enfants bien conditionnés[5].

3

ARGAN : N'est-ce pas votre intention, Monsieur, de le pousser à la cour, et d'y ménager[6] pour lui une charge de
1270 médecin ?

MONSIEUR DIAFOIRUS : À vous en parler franchement, notre métier auprès des grands ne m'a jamais paru agréable, et j'ai toujours trouvé qu'il valait mieux, pour nous autres, demeurer au public[7]. Le public est commode. Vous n'avez à
1275 répondre de vos actions à personne ; et pourvu que l'on

1 Au XVIIe siècle, seuls les corps de criminels sont disséqués. Sous la direction du professeur, un barbier-chirurgien opère pendant qu'un élève choisi par ses collègues et appelé « archidiacre des écoles », Thomas Diafoirus pour l'occasion, récapitule la leçon en latin. À l'époque, assister à une dissection, surtout d'une femme, était à la mode. En 1659, la dissection d'une femme attire une telle foule que l'amphithéâtre et la cour sont remplis.

2 *galant* : élégant et raffiné.

3 *propagation* : procréation.

4 *vertu prolifique* : faculté d'engendrer.

5 *conditionnés* : constitués.

6 *ménager* : acheter.

7 *public* : ceux qui ne sont pas nobles, par opposition aux Grands.

Argan (Raymond Bouchard) : […] Vous voyez, Monsieur, que tout le monde admire Monsieur votre fils, et je vous trouve bien heureux de vous voir un garçon comme cela.

Monsieur Diafoirus (Jean-Louis Roux) : […] Mais sur toute chose ce qui me plaît en lui, et en quoi il suit mon exemple, c'est qu'il s'attache aveuglément aux opinions de nos anciens, et que jamais il n'a voulu comprendre ni écouter les raisons et les expériences des prétendues découvertes de notre siècle, touchant la circulation du sang, et autres opinions de même farine.

Thomas Diafoirus (Martin Drainville)
Angélique (Sylvie Ferlatte)

Acte II, scène 5, lignes 1207 à 1209, 1240 à 1246.

Théâtre du Nouveau Monde, 1988.
Mise en scène d'André Montmorency.

suive le courant des règles[1] de l'art, on ne se met point en peine de tout ce qui peut arriver. Mais ce qu'il y a de fâcheux[§] auprès des grands, c'est que, quand ils viennent à être malades, ils veulent absolument que leurs médecins les
1280 guérissent.

Toinette : Cela est plaisant, et ils sont bien impertinents[§] de vouloir que vous autres messieurs vous les guérissiez : vous n'êtes point auprès d'eux pour cela ; vous n'y êtes que pour recevoir vos pensions[2], et leur ordonner des remèdes ;
1285 c'est à eux à guérir s'ils peuvent.

Monsieur Diafoirus : Cela est vrai. On n'est obligé qu'à traiter les gens dans les formes[3].

3

Argan, *à Cléante* : Monsieur, faites un peu chanter ma fille devant la compagnie.

1290 **Cléante** : J'attendais vos ordres, Monsieur, et il m'est venu en pensée, pour divertir la compagnie, de chanter avec Mademoiselle une scène d'un petit opéra qu'on a fait depuis peu. Tenez, voilà votre partie[4].

Angélique : Moi ?

1295 **Cléante**, *bas à Angélique* : Ne vous défendez point, s'il vous plaît, et me laissez vous faire comprendre ce que c'est que la scène que nous devons chanter. *(Haut.)* Je n'ai pas une voix à chanter ; mais ici il suffit que je me fasse entendre, et l'on aura la bonté de m'excuser par la nécessité où je me trouve
1300 de faire chanter Mademoiselle.

Argan : Les vers en sont-ils beaux ?

1 *le courant des règles* : les règles habituelles.

2 Les médecins des Grands recevaient une rente annuelle et n'étaient donc pas rémunérés à l'acte.

3 *dans les formes* : selon les règles de la médecine.

4 *partie* : partition.

CLÉANTE : C'est proprement ici un petit opéra impromptu[1], et vous n'allez entendre chanter que de la prose cadencée[2], ou des manières[3] de vers libres, tels que la passion et la nécessité peuvent faire trouver à deux personnes qui disent les choses d'eux-mêmes, et parlent sur-le-champ[4].

ARGAN : Fort bien. Écoutons.

CLÉANTE, *sous le nom d'un berger, explique à sa maîtresse*[§] *son amour depuis leur rencontre, et ensuite ils s'appliquent*[5] *leurs pensées l'un à l'autre en chantant* : Voici le sujet de la scène. Un Berger était attentif aux beautés d'un spectacle, qui ne faisait que de commencer, lorsqu'il fut tiré de son attention par un bruit qu'il entendit à ses côtés. Il se retourne, et voit un brutal, qui de paroles insolentes maltraitait une Bergère. D'abord[§] il prend les intérêts d'un sexe à qui tous les hommes doivent hommage ; et après avoir donné au brutal le châtiment de son insolence, il vient à la Bergère, et voit une jeune personne qui, des deux plus beaux yeux qu'il eût jamais vus, versait des larmes, qu'il trouva les plus belles du monde. « Hélas ! dit-il en lui-même, est-on capable d'outrager une personne si aimable[§] ? Et quel inhumain, quel barbare ne serait touché par de telles larmes ? » Il prend soin de les arrêter, ces larmes, qu'il trouve si belles ; et l'aimable Bergère prend soin en même temps de le remercier de son léger service, mais d'une manière si charmante, si tendre, et si passionnée, que le Berger n'y peut résister ; et chaque mot, chaque regard, est un trait[6] plein de flamme, dont son cœur se sent pénétré. « Est-il, disait-il, quelque chose qui puisse mériter les aimables paroles d'un tel remerciement ?

1 *impromptu* : improvisé.
2 *cadencée* : rythmée par le chant.
3 *manières* : sortes.
4 *sur-le-champ* : de manière spontanée.
5 *s'appliquent* : se disent.
6 *trait* : flèche, en référence à Cupidon, dieu de l'amour, un jeune enfant armé d'un arc et de flèches.

1330 Et que ne voudrait-on pas faire, à quels services, à quels dangers, ne serait-on pas ravi de courir, pour s'attirer un seul moment des touchantes douceurs d'une âme si reconnaissante ?» Tout le spectacle passe sans qu'il y donne aucune attention ; mais il se plaint qu'il est trop court, parce qu'en 1335 finissant il le sépare de son adorable Bergère ; et de cette première vue, de ce premier moment, il emporte chez lui tout ce qu'un amour de plusieurs années peut avoir de plus violent. Le voilà aussitôt à sentir tous les maux de l'absence, et il est tourmenté de ne plus voir ce qu'il a si peu vu. Il 1340 fait tout ce qu'il peut pour se redonner cette vue[1], dont il conserve, nuit et jour, une si chère idée ; mais la grande contrainte[§] où l'on tient sa Bergère lui en ôte tous les moyens. La violence de sa passion le fait résoudre à demander en mariage l'adorable beauté sans laquelle il ne peut 1345 plus vivre, et il en obtient d'elle la permission par un billet qu'il a l'adresse de lui faire tenir[2]. Mais dans le même temps on l'avertit que le père de cette belle a conclu son mariage avec un autre, et que tout se dispose pour en célébrer la cérémonie. Jugez quelle atteinte[3] cruelle au cœur de ce triste 1350 Berger. Le voilà accablé d'une mortelle douleur. Il ne peut souffrir[§] l'effroyable idée de voir tout ce qu'il aime entre les bras d'un autre ; et son amour au désespoir lui fait trouver moyen de s'introduire dans la maison de sa Bergère, pour apprendre ses sentiments et savoir d'elle la destinée à laquelle 1355 il doit se résoudre. Il y rencontre les apprêts[4] de tout ce qu'il craint ; il y voit venir l'indigne rival que le caprice d'un père oppose aux tendresses de son amour. Il le voit triomphant, ce rival ridicule, auprès de l'aimable[§] Bergère, ainsi qu'auprès[5] d'une conquête qui lui est assurée ; et cette vue le

1 *se redonner cette vue* : revoir la bergère.
2 *tenir* : parvenir.
3 *atteinte* : coup du sort.
4 *apprêts* : préparatifs.
5 *ainsi qu'auprès* : comme s'il était auprès.

1360 remplit d'une colère, dont il a peine à se rendre le maître. Il jette de douloureux regards sur celle qu'il adore ; et son respect, et la présence de son père l'empêchent de lui rien dire que des yeux[1]. Mais enfin il force toute contrainte§, et le transport[2] de son amour l'oblige à lui parler ainsi (*il chante*) :

1365 *Belle Philis, c'est trop, c'est trop souffrir ;*
Rompons ce dur silence, et m'ouvrez vos pensées.
Apprenez-moi ma destinée :
Faut-il vivre ? Faut-il mourir ?

ANGÉLIQUE, ***répond en chantant*** :

Vous me voyez, Tircis, triste et mélancolique,
1370 *Aux apprêts§ de l'hymen[3] dont vous vous alarmez :*
Je lève au ciel les yeux, je vous regarde, je soupire,
C'est vous en dire assez.

ARGAN : Ouais ! je ne croyais pas que ma fille fût si habile que de chanter ainsi à livre ouvert, sans hésiter.

CLÉANTE

1375 *Hélas ! belle Philis,*
Se pourrait-il que l'amoureux Tircis
Eût assez de bonheur,
Pour avoir quelque place dans votre cœur ?

ANGÉLIQUE

Je ne m'en défends point dans cette peine extrême :
1380 *Oui, Tircis, je vous aime.*

CLÉANTE

Ô parole pleine d'appas[4] !
Ai-je bien entendu, hélas !
Redites-la, Philis, que je n'en doute pas.

---

1 *de lui rien dire que des yeux* : de lui parler si ce n'est avec les yeux.
2 *transport* : force.
3 *hymen* : mariage.
4 *appas* : charme.

Angélique

Oui, Tircis, je vous aime.

Cléante

1385 *De grâce, encor, Philis.*

Angélique

Je vous aime.

Cléante

Recommencez cent fois, ne vous en lassez pas.

Angélique

Je vous aime, je vous aime,
Oui, Tircis, je vous aime.

Cléante

1390 *Dieux, rois, qui sous vos pieds regardez tout le monde,*
Pouvez-vous comparer votre bonheur au mien ?
Mais, Philis, une pensée
Vient troubler ce doux transport[1] *:*
Un rival, un rival…

Angélique

1395 *Ah ! je le hais plus que la mort ;*
Et sa présence, ainsi qu'à vous,
M'est un cruel supplice.

Cléante

Mais un père à ses vœux vous veut assujettir[2]*.*

Angélique

Plutôt, plutôt mourir,
1400 *Que de jamais y consentir ;*
Plutôt, plutôt mourir, plutôt mourir.

Argan : Et que dit le père à tout cela ?

1 *transport* : émotion.
2 *assujettir* : soumettre.

Cléante : Il ne dit rien.

Argan : Voilà un sot père que ce père-là, de souffrir§ toutes
1405 ces sottises-là sans rien dire.

Cléante
Ah ! mon amour…

Argan : Non, non, en voilà assez. Cette comédie-là est de fort mauvais exemple. Le berger Tircis est un impertinent§, et la bergère Philis une impudente§, de parler de la sorte
1410 devant son père. Montrez-moi ce papier. Ha, ha. Où sont donc les paroles que vous avez dites ? Il n'y a là que de la musique écrite ?

3

Cléante : Est-ce que vous ne savez pas, Monsieur, qu'on a trouvé depuis peu l'invention d'écrire les paroles avec les
1415 notes mêmes ?

Argan : Fort bien. Je suis votre serviteur[1], Monsieur ; jusqu'au revoir. Nous nous serions bien passés de votre impertinent d'opéra.

Cléante : J'ai cru vous divertir.

1420 **Argan** : Les sottises ne divertissent point. Ah ! voici ma femme.

1 *Je suis votre serviteur* : formule de politesse équivalant ici à un renvoi.

SCÈNE 6 : BÉLINE, ARGAN, TOINETTE, ANGÉLIQUE, MONSIEUR DIAFOIRUS, THOMAS DIAFOIRUS

ARGAN : Mamour§, voilà le fils de Monsieur Diafoirus.

THOMAS DIAFOIRUS *commence un compliment§ qu'il avait étudié*[1]*, et la mémoire lui manquant, il ne peut le continuer* :
1425 Madame, c'est avec justice que le Ciel vous a concédé le nom de belle-mère, puisque l'on voit sur votre visage…

BÉLINE : Monsieur, je suis ravie d'être venue ici à propos pour avoir l'honneur de vous voir.

THOMAS DIAFOIRUS : Puisque l'on voit sur votre visage…
1430 puisque l'on voit sur votre visage… Madame, vous m'avez interrompu dans le milieu de ma période[2], et cela m'a troublé la mémoire.

MONSIEUR DIAFOIRUS : Thomas, réservez cela pour une autre fois.

1435 ARGAN : Je voudrais, mamie§, que vous eussiez été ici tantôt.

TOINETTE : Ah ! Madame, vous avez bien perdu de n'avoir point été au[3] second père, à la statue de Memnon, et à la fleur nommée héliotrope.

ARGAN : Allons, ma fille, touchez dans la main[4] de Monsieur,
1440 et lui donnez votre foi[5], comme à votre mari.

ANGÉLIQUE : Mon père.

---

1 *étudié* : appris par cœur.
2 *période* : phrase longue et complexe.
3 *de n'avoir point été* là *au* moment où Thomas parlait de.
4 *touchez dans la main* : donnez la main en signe d'engagement.
5 *lui donnez votre foi* : jurez-lui fidélité.

ARGAN : Hé bien ! «Mon père ?» Qu'est-ce que cela veut dire ?

ANGÉLIQUE : De grâce, ne précipitez pas les choses.
1445 Donnez-nous au moins le temps de nous connaître, et de voir naître en nous l'un pour l'autre cette inclination§ si nécessaire à composer une union parfaite.

THOMAS DIAFOIRUS : Quant à moi, Mademoiselle, elle est déjà toute née en moi, et je n'ai pas besoin d'attendre davan-
1450 tage.

ANGÉLIQUE : Si vous êtes si prompt, Monsieur, il n'en est pas de même de moi, et je vous avoue que votre mérite n'a pas encore fait assez d'impression dans mon âme.

ARGAN : Ho bien, bien ! cela aura tout le loisir de se faire,
1455 quand vous serez mariés ensemble.

ANGÉLIQUE : Eh ! mon père, donnez-moi du temps, je vous prie. Le mariage est une chaîne où[1] l'on ne doit jamais soumettre un cœur par force ; et si Monsieur est honnête homme§, il ne doit point vouloir accepter une personne qui
1460 serait à lui par contrainte.

THOMAS DIAFOIRUS : *Nego consequentiam*[2], Mademoiselle, et je puis être honnête homme et vouloir bien vous accepter des mains de Monsieur votre père.

ANGÉLIQUE : C'est un méchant[3] moyen de se faire aimer de
1465 quelqu'un que de lui faire violence.

THOMAS DIAFOIRUS : Nous lisons des anciens, Mademoiselle, que leur coutume était d'enlever par force de la maison

1 *où* : à laquelle.
2 *Nego consequentiam* : je nie la conséquence (expression latine en usage lors des disputes d'école).
3 *méchant* : mauvais.

des pères les filles qu'on menait marier, afin qu'il ne semblât pas que ce fût de leur consentement qu'elles convolaient[1]
1470 dans les bras d'un homme.

Angélique : Les anciens, Monsieur, sont les anciens, et nous sommes les gens de maintenant. Les grimaces ne sont point nécessaires dans notre siècle ; et quand un mariage nous plaît, nous savons fort bien y aller, sans qu'on nous y
1475 traîne. Donnez-vous[2] patience : si vous m'aimez, Monsieur, vous devez vouloir tout ce que je veux.

Thomas Diafoirus : Oui, Mademoiselle, jusqu'aux intérêts de mon amour exclusivement[3].

Angélique : Mais la grande marque d'amour, c'est d'être
1480 soumis aux volontés de celle qu'on aime.

Thomas Diafoirus : *Distinguo,* Mademoiselle : dans ce qui ne regarde point sa possession, *concedo* ; mais dans ce qui la regarde, *nego*[4].

Toinette, *à Angélique* : Vous avez beau raisonner : Monsieur
1485 est frais émoulu[5] du collège, et il vous donnera toujours votre reste[6]. Pourquoi tant résister, et refuser la gloire d'être attachée au corps de la Faculté ?

Béline : Elle a peut-être quelque inclination[§] en tête.

Angélique : Si j'en avais, Madame, elle serait telle que la
1490 raison et l'honnêteté pourraient me la permettre.

Argan : Ouais ! je joue ici un plaisant personnage.

---

1 *convolaient* : se mariaient.
2 *Donnez-vous* : prenez.
3 *jusqu'aux [...] exclusivement* : sauf si cela contrarie mes intérêts en amour.
4 *Distinguo [...] concedo [...] nego* : je distingue [...] j'accepte [...] je nie (expressions latines tirées du vocabulaire de la dispute). Il accepte d'être soumis aux volontés d'Angélique en autant que cela n'en compromette pas la possession.
5 *frais émoulu* : sorti récemment.
6 *vous donnera [...] votre reste* : l'emportera toujours.

BÉLINE : Si j'étais que de vous[1], mon fils, je ne la forcerais point à se marier, et je sais bien ce que je ferais.

ANGÉLIQUE : Je sais, Madame, ce que vous voulez dire, et
1495 les bontés que vous avez pour moi ; mais peut-être que vos conseils ne seront pas assez heureux pour être exécutés.

BÉLINE : C'est que les filles bien sages et bien honnêtes, comme vous, se moquent d'être obéissantes, et soumises aux volontés de leurs pères. Cela était bon autrefois.

1500 **ANGÉLIQUE** : Le devoir d'une fille a des bornes, Madame, et la raison et les lois ne l'étendent point à toutes sortes de choses.

BÉLINE : C'est-à-dire que vos pensées ne sont que pour le mariage ; mais vous voulez choisir un époux à votre fantaisie[2].

1505 **ANGÉLIQUE** : Si mon père ne veut pas me donner un mari qui me plaise, je le conjurerai[§] au moins de ne me point forcer à en épouser un que je ne puisse pas aimer.

ARGAN : Messieurs, je vous demande pardon de tout ceci.

ANGÉLIQUE : Chacun a son but en se mariant. Pour moi, qui
1510 ne veux un mari que pour l'aimer véritablement, et qui prétends en faire tout l'attachement de ma vie, je vous avoue que j'y cherche quelque précaution[3]. Il y en a d'aucunes qui prennent des maris seulement pour se tirer de la contrainte[§] de leurs parents, et se mettre en état de faire tout ce qu'elles
1515 voudront. Il y en a d'autres, Madame, qui font du mariage un commerce de pur intérêt, qui ne se marient que pour gagner des douaires[4], que pour s'enrichir par la mort de ceux qu'elles épousent, et courent sans scrupule de mari en

1 *q e de vous* : à votre place.

2 *fantaisie* : goût.

3 *précaution* : garantie.

4 *douaires* : parties de l'héritage dont dispose une veuve pour son entretien.

mari, pour s'approprier leurs dépouilles[1]. Ces personnes-là,
1520 à la vérité, n'y cherchent pas tant de façons[2], et regardent peu la personne.

Béline : Je vous trouve aujourd'hui bien raisonnante, et je voudrais bien savoir ce que vous voulez dire par-là.

Angélique : Moi, Madame, que voudrais-je dire que ce que
1525 je dis ?

Béline : Vous êtes si sotte, mamie[3], qu'on ne saurait plus vous souffrir[§].

Angélique : Vous voudriez bien, Madame, m'obliger à vous répondre quelque impertinence ; mais je vous avertis
1530 que vous n'aurez pas cet avantage.

Béline : Il n'est rien d'égal à votre insolence.

Angélique : Non, Madame, vous avez beau dire.

Béline : Et vous avez un ridicule orgueil, une impertinente[§] présomption[4] qui fait hausser les épaules à tout le monde.

1535 **Angélique** : Tout cela, Madame, ne servira de rien. Je serai sage en dépit de vous ; et pour vous ôter l'espérance de pouvoir réussir dans ce que vous voulez, je vais m'ôter de votre vue.

Argan : Écoute, il n'y a point de milieu[5] à cela : choisis
1540 d'épouser dans quatre jours, ou Monsieur, ou un couvent. Ne vous mettez pas en peine, je la rangerai[6] bien.

---

1 *dépouilles* : biens.

2 *n'y cherchent pas tant de façons* : ne font pas tant de manières.

3 *mamie* : mon amie (élision). Le terme se veut ici méprisant.

4 *présomption* : vanité.

5 *milieu* : compromis.

6 *rangerai* : ferai obéir.

BÉLINE : Je suis fâchée de vous quitter, mon fils, mais j'ai une affaire en ville, dont je ne puis me dispenser. Je reviendrai bientôt.

1545 **ARGAN** : Allez, mamour[§], et passez chez votre notaire, afin qu'il expédie[1] ce que vous savez.

BÉLINE : Adieu, mon petit ami.

ARGAN : Adieu, mamie[§]. Voilà une femme qui m'aime… cela n'est pas croyable.

1550 **MONSIEUR DIAFOIRUS** : Nous allons, Monsieur, prendre congé de vous.

ARGAN : Je vous prie, Monsieur, de me dire un peu comment je suis.

MONSIEUR DIAFOIRUS *lui tâte le pouls* : Allons, Thomas,
1555 prenez l'autre bras de Monsieur, pour voir si vous saurez porter un bon jugement de son pouls. *Quid dicis ?*

THOMAS DIAFOIRUS : *Dico*[2] que le pouls de Monsieur est le pouls d'un homme qui ne se porte point bien.

MONSIEUR DIAFOIRUS : Bon.

1560 **THOMAS DIAFOIRUS** : Qu'il est duriuscule[3], pour ne pas dire dur.

MONSIEUR DIAFOIRUS : Fort bien.

THOMAS DIAFOIRUS : Repoussant[4].

MONSIEUR DIAFOIRUS : *Bene*[5].

---

1 *expédie* : achève rapidement.
2 *Quid dicis ? Dico* : Que dis-tu ? Je dis (en latin).
3 *duriuscule* : un peu dur (diminutif pédant du latin *duriusculus*).
4 *Repoussant* : qui repousse le doigt parce qu'il bat fort.
5 *Bene* : bien (en latin).

1565 **Thomas Diafoirus** : Et même un peu caprisant[1].

Monsieur Diafoirus : *Optime*[2].

Thomas Diafoirus : Ce qui marque une intempérie[3] dans le *parenchyme splénique*[4], c'est-à-dire la rate.

Monsieur Diafoirus : Fort bien.

1570 **Argan** : Non : Monsieur Purgon dit que c'est mon foie qui est malade.

Monsieur Diafoirus : Eh ! oui : qui dit *parenchyme*, dit l'un et l'autre, à cause de l'étroite sympathie[5] qu'ils ont ensemble, par le moyen du *vas breve*[6] *du pylore*[7], et souvent 1575 des *méats cholidoques*[8]. Il vous ordonne sans doute de manger force rôti ?

Argan : Non, rien que du bouilli.

Monsieur Diafoirus : Eh ! oui : rôti, bouilli, même chose. Il vous ordonne fort prudemment, et vous ne pouvez être en 1580 de meilleures mains.

Argan : Monsieur, combien est-ce qu'il faut mettre de grains de sel dans un œuf ?

Monsieur Diafoirus : Six, huit, dix, par les nombres pairs ; comme dans les médicaments, par les nombres impairs[9].

1585 **Argan** : Jusqu'au revoir, Monsieur.

1 *caprisant* : irrégulier.
2 *Optime* : très bien (en latin).
3 *intempérie* : dérèglement.
4 *parenchyme splénique* : tissus de la rate.
5 *sympathie* : relation.
6 *vas breve* : canal biliaire.
7 *pylore* : orifice inférieur de l'estomac.
8 *méats cholidoques* : conduits qui recueillent la bile.
9 L'usage de prendre les pilules en nombre impair est attesté, entre autres, par Montaigne (*Essais*, livre II, chap. 37).

Argan (Edgar Fruitier) : Je vous prie, Monsieur, de me dire un peu comment je suis.

Monsieur Diafoirus (Jean-Louis Paris) *lui tâte le pouls* : Allons, Thomas, prenez l'autre bras de Monsieur, pour voir si vous saurez porter un bon jugement de son pouls. *Quid dicis ?*

Thomas Diafoirus (Claude Gai) : *Dico* que le pouls de Monsieur est le pouls d'un homme qui ne se porte point bien.

Acte II, scène 6, lignes 1552 à 1558.

Théâtre du Nouveau Monde, 1973.
Mise en scène de Robert Prévost.

SCÈNE 7 : BÉLINE, ARGAN

BÉLINE : Je viens, mon fils, avant que de sortir, vous donner avis[1] d'une chose à laquelle il faut que vous preniez garde. En passant par-devant la chambre d'Angélique, j'ai vu un jeune homme avec elle, qui s'est sauvé d'abord[§] qu'il
1590 m'a vue.

ARGAN : Un jeune homme avec ma fille ?

BÉLINE : Oui. Votre petite fille Louison était avec eux, qui pourra vous en dire des nouvelles.

ARGAN : Envoyez-la ici, mamour[§], envoyez-la ici. Ah, l'ef-
1595 frontée ! je ne m'étonne plus de sa résistance.

SCÈNE 8 : LOUISON, ARGAN

LOUISON : Qu'est-ce que vous voulez, mon papa ? Ma belle-maman m'a dit que vous me demandez.

ARGAN : Oui, venez çà[2], avancez là. Tournez-vous, levez les yeux, regardez-moi. Eh !

1600 LOUISON : Quoi, mon papa ?

ARGAN : Là.

LOUISON : Quoi ?

ARGAN : N'avez-vous rien à me dire ?

1 *donner avis* : avertir.
2 *çà* : ici.

LOUISON : Je vous dirai, si vous voulez, pour vous désen-
1605 nuyer, le conte de *Peau d'âne*[1], ou bien la fable du *Corbeau et du Renard*[2], qu'on m'a apprise depuis peu.

ARGAN : Ce n'est pas là ce que je demande.

LOUISON : Quoi donc ?

ARGAN : Ah ! rusée, vous savez bien ce que je veux dire.

1610 LOUISON : Pardonnez-moi, mon papa.

ARGAN : Est-ce là comme vous m'obéissez ?

LOUISON : Quoi ?

ARGAN : Ne vous ai-je pas recommandé de me venir dire d'abord[§] tout ce que vous voyez ?

1615 LOUISON : Oui, mon papa.

ARGAN : L'avez-vous fait ?

LOUISON : Oui, mon papa. Je vous suis venue dire tout ce que j'ai vu.

ARGAN : Et n'avez-vous rien vu aujourd'hui ?

1620 LOUISON : Non, mon papa.

ARGAN : Non ?

LOUISON : Non, mon papa.

ARGAN : Assurément ?

LOUISON : Assurément.

1625 ARGAN : Oh çà ! je m'en vais vous faire voir quelque chose, moi.

1 *Peau d'âne* était connu grâce à la tradition populaire. Charles Perrault ne publiera sa version qu'en 1694.

2 L'allusion atteste du succès des fables, puisque La Fontaine a publié *Le Corbeau et le Renard* en 1668.

Il va prendre une poignée de verges[1].

Louison : Ah ! mon papa.

Argan : Ah, ah ! petite masque[2], vous ne me dites pas que
1630 vous avez vu un homme dans la chambre de votre sœur ?

Louison : Mon papa !

Argan : Voici qui vous apprendra à mentir.

Louison *se jette à genoux* : Ah ! mon papa, je vous demande pardon. C'est que ma sœur m'avait dit de ne pas vous le
1635 dire ; mais je m'en vais vous dire tout.

Argan : Il faut premièrement que vous ayez le fouet pour avoir menti. Puis après nous verrons au reste.

Louison : Pardon, mon papa !

Argan : Non, non.

1640 **Louison** : Mon pauvre papa, ne me donnez pas le fouet !

Argan : Vous l'aurez.

Louison : Au nom de Dieu ! mon papa, que je ne l'aie pas.

Argan, *la prenant pour la fouetter* : Allons, allons.

Louison : Ah ! mon papa, vous m'avez blessée. Attendez : je
1645 suis morte. (*Elle contrefait la morte.*)

Argan : Holà ! Qu'est-ce là ? Louison, Louison. Ah, mon Dieu ! Louison. Ah ! ma fille ! Ah ! malheureux, ma pauvre fille est morte. Qu'ai-je fait, misérable ! Ah ! chiennes de verges. La peste soit des verges ! Ah ! ma pauvre fille, ma
1650 pauvre petite Louison.

---

1 *verges* : baguettes de bois servant à frapper.

2 *masque* : effrontée, menteuse.

LOUISON : Là, là, mon papa, ne pleurez point tant, je ne suis pas morte tout à fait.

ARGAN : Voyez-vous la petite rusée ? Oh çà, çà ! je vous pardonne pour cette fois-ci, pourvu que vous me disiez bien
1655 tout.

LOUISON : Ho ! oui, mon papa.

ARGAN : Prenez-y bien garde au moins, car voilà un petit doigt qui sait tout, qui me dira si vous mentez.

LOUISON, *après avoir regardé si personne n'écoute* : Mais,
1660 mon papa, ne dites pas à ma sœur que je vous l'ai dit.

ARGAN : Non, non.

LOUISON : C'est, mon papa, qu'il est venu un homme dans la chambre de ma sœur comme j'y étais.

ARGAN : Hé bien ?

1665 **LOUISON** : Je lui ai demandé ce qu'il demandait, et il m'a dit qu'il était son maître à chanter.

ARGAN : Hon, hon. Voilà l'affaire. Hé bien ?

LOUISON : Ma sœur est venue après.

ARGAN : Hé bien ?

1670 **LOUISON** : Elle lui a dit : « Sortez, sortez, sortez, mon Dieu ! sortez ; vous me mettez au désespoir. »

ARGAN : Hé bien ?

LOUISON : Et lui, il ne voulait pas sortir.

ARGAN : Qu'est-ce qu'il lui disait ?

1675 **LOUISON** : Il lui disait je ne sais combien de choses.

ARGAN : Et quoi encore ?

Louison : Il lui disait tout ci, tout ça[1], qu'il l'aimait bien, et qu'elle était la plus belle du monde.

Argan : Et puis après ?

1680 **Louison** : Et puis après, il se mettait à genoux devant elle.

Argan : Et puis après ?

Louison : Et puis après, il lui baisait les mains.

Argan : Et puis après ?

Louison : Et puis après, ma belle-maman est venue à la
1685 porte, et il s'est enfui.

Argan : Il n'y a point autre chose ?

Louison : Non, mon papa.

Argan : Voilà mon petit doigt pourtant qui gronde quelque chose. (*Il met son doigt à son oreille.*) Attendez. Eh ! ah, ah !
1690 oui ? Oh, oh ! voilà mon petit doigt qui me dit quelque chose que vous avez vu, et que vous ne m'avez pas dit.

Louison : Ah ! mon papa, votre petit doigt est un menteur.

Argan : Prenez garde.

Louison : Non, mon papa, ne le croyez pas, il ment, je vous
1695 assure.

Argan : Oh bien, bien ! nous verrons cela. Allez-vous-en, et prenez bien garde à tout[2] : allez. Ah ! il n'y a plus d'enfants. Ah ! que d'affaires ! je n'ai pas seulement le loisir de songer à ma maladie. En vérité, je n'en puis plus.

1700 *Il se remet dans sa chaise.*

---

1 *tout ci, tout ça* : ceci, cela, en somme beaucoup de choses.

2 *prenez bien garde à tout* : observez bien tout ce qui se passe.

SCÈNE 9 : BÉRALDE, ARGAN

BÉRALDE : Hé bien ! mon frère, qu'est-ce ? comment vous portez-vous ?

ARGAN : Ah ! mon frère, fort mal.

BÉRALDE : Comment «fort mal» ?

1705 ARGAN : Oui, je suis dans une faiblesse si grande que cela n'est pas croyable.

BÉRALDE : Voilà qui est fâcheux§.

ARGAN : Je n'ai pas seulement la force de pouvoir parler.

BÉRALDE : J'étais venu ici, mon frère, vous proposer un 1710 parti[1] pour ma nièce Angélique.

ARGAN, *parlant avec emportement, et se levant de sa chaise* : Mon frère, ne me parlez point de cette coquine-là. C'est une friponne, une impertinente§, une effrontée, que je mettrai dans un couvent avant qu'il soit deux jours[2].

1715 BÉRALDE : Ah ! voilà qui est bien : je suis bien aise que la force vous revienne un peu, et que ma visite vous fasse du bien. Oh çà ! nous parlerons d'affaires tantôt. Je vous amène ici un divertissement, que j'ai rencontré, qui dissipera votre chagrin, et vous rendra l'âme mieux disposée aux choses 1720 que nous avons à dire. Ce sont des Égyptiens[3], vêtus en Mores[4], qui font des danses mêlées de chansons, où je suis sûr que vous prendrez plaisir ; et cela vaudra bien une ordonnance de Monsieur Purgon. Allons.

1 *parti* : mari.
2 *avant qu'il soit deux jours* : avant deux jours.
3 *Égyptiens* : bohémiens au XVIIe siècle.
4 *Mores* : Maures, habitants de l'Afrique du Nord.

SECOND INTERMÈDE§

Le frère du Malade imaginaire lui amène, pour le divertir, plu-
1725 sieurs Égyptiens et Égyptiennes, vêtus en Mores, qui font des danses entremêlées de chansons.

PREMIÈRE FEMME MORE

Profitez du printemps
De vos beaux ans,
Aimable§ jeunesse;
1730 *Profitez du printemps*
De vos beaux ans,
Donnez-vous à la tendresse.

Les plaisirs les plus charmants,
Sans l'amoureuse flamme[1],
1735 *Pour contenter une âme*
N'ont point d'attraits assez puissants.

Profitez du printemps
De vos beaux ans,
Aimable jeunesse;
1740 *Profitez du printemps*
De vos beaux ans,
Donnez-vous à la tendresse.

Ne perdez point ces précieux moments:
La beauté passe,
1745 *Le temps l'efface,*
L'âge de glace[2]
Vient à sa place,
Qui nous ôte le goût de ces doux passe-temps.

1 *flamme*: passion.
2 *âge de glace*: vieillesse.

Profitez du printemps
1750 *De vos beaux ans,*
Aimable§ jeunesse;
Profitez du printemps
De vos beaux ans,
Donnez-vous à la tendresse.

SECONDE FEMME MORE
1755 *Quand d'aimer on nous presse*
À quoi songez-vous ?
Nos cœurs, dans la jeunesse,
N'ont vers la tendresse
Qu'un penchant trop doux;
1760 *L'amour a pour nous prendre*
De si doux attraits,
Que de soi[1]*, sans attendre,*
On voudrait se rendre
À ses premiers traits§ :
1765 *Mais tout ce qu'on écoute*[2]
Des vives douleurs
Et des pleurs
Qu'il nous coûte
Fait qu'on en redoute
1770 *Toutes les douceurs.*

TROISIÈME FEMME MORE
Il est doux, à notre âge,
D'aimer tendrement
Un amant§
Qui s'engage :
1775 *Mais s'il est volage*[3]*,*
Hélas ! quel tourment !

1 *de soi* : spontanément.
2 *écoute* : entend dire.
3 *volage* : inconstant.

Quatrième femme more

L'amant§ qui se dégage[1]
N'est pas le malheur :
La douleur
1780 *Et la rage,*
C'est que le volage
Garde notre cœur.

Seconde femme more

Quel parti faut-il prendre
Pour nos jeunes cœurs ?

Quatrième femme more

1785 *Devons-nous nous y*[2] *rendre*
Malgré ses rigueurs ?

Ensemble

Oui, suivons ses ardeurs,
Ses transports§, ses caprices,
Ses douces langueurs ;
1790 *S'il a quelques supplices,*
Il a cent délices
Qui charment les cœurs.

Entrée de ballet

Tous les Mores dansent ensemble, et font sauter des singes qu'ils ont amenés avec eux.

1 *se dégage* : rompt.
2 *y* : à l'amant volage ou à l'amour.

SCÈNE 1 : BÉRALDE, ARGAN, TOINETTE

1795 **BÉRALDE** : Hé bien ! mon frère, qu'en dites-vous ? cela ne vaut-il pas bien une prise de casse[§] ?

TOINETTE : Hon, de bonne casse est bonne[1].

BÉRALDE : Oh çà ! voulez-vous que nous parlions un peu ensemble ?

1800 **ARGAN** : Un peu de patience, mon frère, je vais revenir.

TOINETTE : Tenez, Monsieur, vous ne songez pas que vous ne sauriez marcher sans bâton.

ARGAN : Tu as raison.

SCÈNE 2 : BÉRALDE, TOINETTE

TOINETTE : N'abandonnez pas, s'il vous plaît, les intérêts de
1805 votre nièce.

BÉRALDE : J'emploierai toutes choses pour lui obtenir ce qu'elle souhaite.

TOINETTE : Il faut absolument empêcher ce mariage extravagant qu'il s'est mis dans la fantaisie[2], et j'avais songé en

1 *de bonne casse est bonne* : une prise de bonne casse est délicieuse (ironie).

2 *fantaisie* : tête.

1810 moi-même que ç'aurait été une bonne affaire de pouvoir introduire ici un médecin à notre poste[1], pour le dégoûter de son Monsieur Purgon, et lui décrier[2] sa conduite. Mais, comme nous n'avons personne en main pour cela, j'ai résolu de jouer un tour de ma tête[3].

1815 **Béralde** : Comment ?

Toinette : C'est une imagination burlesque[4]. Cela sera peut-être plus heureux[5] que sage. Laissez-moi faire : agissez de votre côté. Voici notre homme.

SCÈNE 3 : Argan, Béralde

Béralde : Vous voulez bien, mon frère, que je vous de-
1820 mande, avant toute chose, de ne vous point échauffer l'esprit[6] dans notre conversation.

Argan : Voilà qui est fait.

4

Béralde : De répondre sans nulle aigreur[7] aux choses que je pourrai vous dire.

1825 **Argan** : Oui.

Béralde : Et de raisonner ensemble, sur les affaires dont nous avons à parler, avec un esprit détaché de toute passion[8].

1 *poste* : service.
2 *lui décrier* : critiquer.
3 *de ma tête* : de mon invention.
4 *imagination burlesque* : invention comique.
5 *heureux* : amusant.
6 *échauffer l'esprit* : mettre en colère.
7 *sans nulle aigreur* : sans vous fâcher.
8 *passion* : colère.

ARGAN : Mon Dieu ! oui. Voilà bien du préambule[1].

BÉRALDE : D'où vient, mon frère, qu'ayant le bien que vous
1830 avez, et n'ayant d'enfants qu'une fille, car je ne compte pas la petite[2], d'où vient, dis-je, que vous parlez de la mettre dans un couvent ?

ARGAN : D'où vient, mon frère, que je suis maître dans ma famille pour faire ce que bon me semble ?

1835 **BÉRALDE** : Votre femme ne manque pas de vous conseiller de vous défaire[3] ainsi de vos deux filles, et je ne doute point que, par un esprit de charité, elle ne fût ravie de les voir toutes deux bonnes religieuses.

ARGAN : Oh çà ! nous y voici. Voilà d'abord[§] la pauvre femme
1840 en jeu[4] : c'est elle qui fait tout le mal, et tout le monde lui en veut.

4

BÉRALDE : Non, mon frère ; laissons-la là ; c'est une femme qui a les meilleures intentions du monde pour votre famille, et qui est détachée de toute sorte d'intérêt, qui a pour vous
1845 une tendresse merveilleuse, et qui montre pour vos enfants une affection et une bonté qui n'est pas concevable : cela est certain. N'en parlons point, et revenons à votre fille. Sur quelle pensée[5], mon frère, la voulez-vous donner en mariage au fils d'un médecin ?

1850 **ARGAN** : Sur la pensée, mon frère, de me donner un gendre tel qu'il me faut.

BÉRALDE : Ce n'est point là, mon frère, le fait[6] de votre fille, et il se présente un parti plus sortable pour elle.

---

1 *du préambule* : une longue entrée en matière.
2 *petite*, puisqu'elle n'est pas en âge de se marier.
3 *défaire* : débarrasser.
4 *en jeu* : mise en cause.
5 *Sur quelle pensée* : par quelle idée.
6 *le fait de* : ce qui convient à.

Argan : Oui, mais celui-ci, mon frère, est plus sortable
1855 pour moi.

Béralde : Mais le mari qu'elle doit prendre doit-il être, mon frère, ou pour elle, ou pour vous ?

Argan : Il doit être, mon frère, et pour elle, et pour moi, et je veux mettre dans ma famille les gens dont j'ai besoin.

1860 **Béralde** : Par cette raison-là, si votre petite était grande, vous lui donneriez en mariage un apothicaire§ ?

Argan : Pourquoi non ?

Béralde : Est-il possible que vous serez toujours embéguiné[1] de vos apothicaires et de vos médecins, et que vous
1865 vouliez être malade en dépit des gens et de la nature ?

4

Argan : Comment l'entendez-vous[2], mon frère ?

Béralde : J'entends, mon frère, que je ne vois point d'homme qui soit moins malade que vous, et que je ne demanderais point une meilleure constitution que la vôtre. Une grande
1870 marque que vous vous portez bien et que vous avez un corps parfaitement bien composé[3], c'est qu'avec tous les soins que vous avez pris, vous n'avez pu parvenir encore à gâter la bonté de votre tempérament[4], et que vous n'êtes point crevé[5] de toutes les médecines§ qu'on vous a fait prendre.

1875 **Argan** : Mais savez-vous, mon frère, que c'est cela qui me conserve, et que Monsieur Purgon dit que je succomberais, s'il était seulement trois jours sans prendre soin de moi ?

Béralde : Si vous n'y prenez garde, il prendra tant de soin de vous qu'il vous enverra en l'autre monde.

---

1 *embéguiné* : entiché, toqué.
2 *Comment l'entendez-vous ?* : que voulez-vous dire ?
3 *bien composé* : en santé.
4 *la bonté de votre tempérament* : votre bonne santé.
5 *crevé* : mort, sans connotation populaire au XVIIe siècle.

1880 **ARGAN** : Mais raisonnons un peu, mon frère. Vous ne croyez donc point à la médecine ?

BÉRALDE : Non, mon frère, et je ne vois pas que, pour son salut, il soit nécessaire d'y croire.

ARGAN : Quoi ? vous ne tenez pas véritable une chose
1885 établie par tout le monde, et que tous les siècles ont révérée[1] ?

BÉRALDE : Bien loin de la tenir véritable, je la trouve, entre nous, une des plus grandes folies qui soit parmi les hommes, et à regarder les choses en philosophe, je ne
1890 vois point de plus plaisante momerie[2], je ne vois rien de plus ridicule qu'un homme qui se veut mêler d'en guérir un autre.

ARGAN : Pourquoi ne voulez-vous pas, mon frère, qu'un homme en puisse guérir un autre ?

1895 **BÉRALDE** : Par la raison, mon frère, que les ressorts de notre machine[3] sont des mystères, jusques ici, où les hommes ne voient goutte[4], et que la nature nous a mis au-devant des yeux des voiles trop épais pour y connaître quelque chose.

ARGAN : Les médecins ne savent donc rien, à votre compte[5] ?

1900 **BÉRALDE** : Si fait, mon frère. Ils savent la plupart de fort belles humanités[6], savent parler en beau latin, savent nommer en grec toutes les maladies, les définir et les diviser[7] ; mais, pour ce qui est de les guérir, c'est ce qu'ils ne savent point du tout.

---

1 *révérée* : respectée.
2 *momerie* : hypocrisie.
3 *ressorts de notre machine* : mécanismes de notre corps.
4 *ne voient goutte* : ne comprennent rien.
5 *compte* : avis.
6 *humanités* : études littéraires classiques, grecques et latines.
7 *diviser* : classer.

Argan : Mais toujours faut-il demeurer d'accord que, sur cette matière, les médecins en savent plus que les autres.

Béralde : Ils savent, mon frère, ce que je vous ai dit, qui ne guérit pas de grand-chose ; et toute l'excellence de leur art consiste en un pompeux galimatias[1], en un spécieux babil[2], qui vous donne des mots pour des raisons, et des promesses pour des effets.

Argan : Mais enfin, mon frère, il y a des gens aussi sages et aussi habiles[§] que vous ; et nous voyons que, dans la maladie, tout le monde a recours aux médecins.

Béralde : C'est une marque de la faiblesse humaine, et non pas de la vérité de leur art.

Argan : Mais il faut bien que les médecins croient leur art véritable, puisqu'ils s'en servent pour eux-mêmes.

Béralde : C'est qu'il y en a parmi eux qui sont eux-mêmes dans l'erreur populaire, dont ils profitent, et d'autres qui en profitent sans y être. Votre Monsieur Purgon, par exemple, n'y sait point de finesse[3] : c'est un homme tout médecin, depuis la tête jusqu'aux pieds ; un homme qui croit à ses règles plus qu'à toutes les démonstrations des mathématiques, et qui croirait du crime[4] à les vouloir examiner ; qui ne voit rien d'obscur dans la médecine, rien de douteux, rien de difficile, et qui, avec une impétuosité de prévention[5], une roideur de confiance[6], une brutalité de sens commun et de raison[7], donne au travers[8] des purgations et des saignées,

1 *pompeux galimatias* : discours incompréhensible et prétentieux.
2 *spécieux babil* : bavardage qui a l'apparence de la vérité.
3 *n'y sait point de finesse* : n'y met pas de duplicité, de fausseté.
4 *croirait* qu'il y a *crime*.
5 *une impétuosité de prévention* : de forts préjugés.
6 *roideur de confiance* : suffisance.
7 *brutalité […] raison* : manque d'intelligence et de bon sens.
8 *donne au travers* : prescrit à tort et à travers.

1930 et ne balance[1] aucune chose. Il ne lui faut point vouloir mal de tout ce qu'il pourra vous faire : c'est de la meilleure foi du monde qu'il vous expédiera[2], et il ne fera, en vous tuant, que ce qu'il a fait à sa femme et à ses enfants, et ce qu'en un besoin[3] il ferait à lui-même.

1935 **Argan** : C'est que vous avez, mon frère, une dent de lait contre lui[4]. Mais enfin venons au fait. Que faire donc quand on est malade ?

Béralde : Rien, mon frère.

Argan : Rien ?

1940 **Béralde** : Rien. Il ne faut que demeurer en repos. La nature, d'elle-même, quand nous la laissons faire, se tire doucement du désordre où elle est tombée. C'est notre inquiétude, c'est notre impatience qui gâte tout, et presque tous les hommes meurent de leurs remèdes, et non pas de 1945 leurs maladies.

Argan : Mais il faut demeurer d'accord, mon frère, qu'on peut aider cette nature par de certaines choses.

Béralde : Mon Dieu ! mon frère, ce sont pures idées, dont nous aimons à nous repaître ; et, de tout temps, il s'est glissé 1950 parmi les hommes de belles imaginations, que nous venons à croire, parce qu'elles nous flattent et qu'il serait à souhaiter qu'elles fussent véritables. Lorsqu'un médecin vous parle d'aider, de secourir, de soulager la nature, de lui ôter ce qui lui nuit et lui donner ce qui lui manque, de la rétablir et de 1955 la remettre dans une pleine facilité de ses fonctions ; lorsqu'il vous parle de rectifier[5] le sang, de tempérer[6] les

1 *balance* : examine.
2 *expédiera* : tuera.
3 *en un besoin* : au besoin.
4 *vous avez [...] une dent de lait contre lui* : vous lui en voulez depuis longtemps.
5 *rectifier* : purifier (terme de chimie).
6 *tempérer* : rafraîchir.

entrailles et le cerveau, de dégonfler la rate, de raccommoder[1] la poitrine, de réparer le foie, de fortifier le cœur, de rétablir et conserver la chaleur naturelle, et d'avoir des secrets pour
1960 étendre la vie à de longues années : il vous dit justement le roman de la médecine. Mais quand vous en venez à la vérité et à l'expérience, vous ne trouvez rien de tout cela, et il en est comme de ces beaux songes qui ne vous laissent au réveil que le déplaisir de les avoir crus.

1965 **Argan** : C'est-à-dire que toute la science du monde est renfermée dans votre tête, et vous voulez en savoir plus que tous les grands médecins de notre siècle.

4

Béralde : Dans les discours et dans les choses, ce sont deux sortes de personnes que vos grands médecins. Entendez-les
1970 parler : les plus habiles[§] gens du monde ; voyez-les faire : les plus ignorants de tous les hommes.

Argan : Hoy ! Vous êtes un grand docteur[2], à ce que je vois, et je voudrais bien qu'il y eût ici quelqu'un de ces messieurs pour rembarrer[3] vos raisonnements et rabaisser votre caquet[4].

1975 **Béralde** : Moi, mon frère, je ne prends point à tâche de combattre la médecine ; et chacun, à ses périls et fortune[5], peut croire tout ce qu'il lui plaît. Ce que j'en dis n'est qu'entre nous, et j'aurais souhaité de pouvoir un peu vous tirer de l'erreur où vous êtes, et, pour vous divertir, vous mener voir
1980 sur ce chapitre quelqu'une des comédies de Molière[6].

1 *raccommoder* : remettre en ordre.
2 *docteur* : savant qui fait autorité dans son domaine.
3 *rembarrer* : réfuter.
4 *rabaisser votre caquet* : vous faire taire.
5 *à ses périls et fortune* : à ses risques et périls.
6 Allusion à *L'Amour médecin* (1665), au *Médecin malgré lui* (1666) et à *Monsieur de Pourceaugnac* (1669), qui s'en prennent aux médecins. *Dom Juan* (1669), qui les attaque aussi, ne se joue plus en 1673. Lors de la reprise, après la mort de Molière, les comédiens modifient légèrement le texte pour éviter de prononcer le nom de Molière.

ARGAN : C'est un bon impertinent§ que votre Molière avec ses comédies, et je le trouve bien plaisant d'aller jouer[1] d'honnêtes gens comme les médecins.

BÉRALDE : Ce ne sont point les médecins qu'il joue, mais le 1985 ridicule de la médecine.

ARGAN : C'est bien à lui à faire de se mêler de contrôler la médecine ; voilà un bon nigaud, un bon impertinent, de se moquer des consultations et des ordonnances, de s'attaquer au corps des médecins, et d'aller mettre sur son théâtre des 1990 personnes vénérables comme ces messieurs-là.

BÉRALDE : Que voulez-vous qu'il y mette que les diverses professions des hommes ? On y met bien tous les jours les princes et les rois, qui sont d'aussi bonne maison que les médecins.

1995 **ARGAN** : Par la mort non de diable[2] ! si j'étais que[3] des médecins, je me vengerais de son impertinence ; et quand il sera malade, je le laisserais mourir sans secours. Il aurait beau faire et beau dire, je ne lui ordonnerais pas la moindre petite saignée, le moindre petit lavement, et je lui dirais : « Crève, 2000 crève ! cela t'apprendra une autre fois à te jouer[4] à la Faculté. »

BÉRALDE : Vous voilà bien en colère contre lui.

ARGAN : Oui, c'est un malavisé[5], et si les médecins sont sages, ils feront ce que je dis.

BÉRALDE : Il sera encore plus sage que vos médecins, car il 2005 ne leur demandera point de secours.

---

1 *jouer* : représenter sur scène et se moquer.
2 *Par la mort non de diable* : par la mort de Dieu (permet d'éviter de prononcer *Dieu*).
3 *que* : à la place.
4 *te jouer* : t'attaquer.
5 *malavisé* : sot.

ARGAN : Tant pis pour lui s'il n'a point recours aux remèdes.

BÉRALDE : Il a ses raisons pour n'en point vouloir, et il soutient que cela n'est permis qu'aux gens vigoureux et robustes, et qui ont des forces de reste pour porter[1] les remèdes avec
2010 la maladie ; mais que, pour lui, il n'a justement de la force que pour porter son mal.

ARGAN : Les sottes raisons que voilà ! Tenez, mon frère, ne parlons point de cet homme-là davantage, car cela m'échauffe la bile, et vous me donneriez mon mal[2].

4

2015 **BÉRALDE** : Je le veux bien, mon frère ; et, pour changer de discours, je vous dirai que, sur une petite répugnance[3] que vous témoigne votre fille, vous ne devez point prendre les résolutions violentes de la mettre dans un couvent ; que, pour le choix d'un gendre, il ne vous faut pas suivre aveuglé-
2020 ment la passion§ qui vous emporte, et qu'on doit, sur cette matière, s'accommoder[4] un peu à l'inclination§ d'une fille, puisque c'est pour toute la vie, et que de là dépend tout le bonheur d'un mariage.

SCÈNE 4 :
MONSIEUR FLEURANT, *une seringue[5] à la main ;* ARGAN, BÉRALDE

ARGAN : Ah ! mon frère, avec votre permission.

2025 **BÉRALDE** : Comment ? que voulez-vous faire ?

---

1 *porter* : supporter.
2 *donneriez mon mal* : rendriez malade.
3 *répugnance* : opposition, résistance.
4 *s'accommoder* : se conformer.
5 *seringue* à lavement.

ARGAN : Prendre ce petit lavement-là ; ce sera bientôt fait.

BÉRALDE : Vous vous moquez. Est-ce que vous ne sauriez être un moment sans lavement ou sans médecine§ ? Remettez cela à une autre fois, et demeurez un peu en repos.

2030 ARGAN : Monsieur Fleurant, à ce soir, ou à demain au matin.

MONSIEUR FLEURANT, *à Béralde* : De quoi vous mêlez-vous de vous opposer aux ordonnances de la médecine, et d'empêcher Monsieur de prendre mon clystère§ ? Vous êtes bien 2035 plaisant d'avoir cette hardiesse-là !

BÉRALDE : Allez, Monsieur, on voit bien que vous n'avez pas accoutumé de parler à des visages[1].

MONSIEUR FLEURANT : On ne doit point ainsi se jouer§ des remèdes, et me faire perdre mon temps. Je ne suis venu ici 2040 que sur une bonne ordonnance[2], et je vais dire à Monsieur Purgon comme on m'a empêché d'exécuter ses ordres et de faire ma fonction. Vous verrez, vous verrez…

ARGAN : Mon frère, vous serez cause ici de quelque malheur.

BÉRALDE : Le grand malheur de ne pas prendre un lavement 2045 que Monsieur Purgon a ordonné. Encore un coup[3], mon frère, est-il possible qu'il n'y ait pas moyen de vous guérir de la maladie des médecins, et que vous vouliez être, toute votre vie, enseveli dans leurs remèdes ?

ARGAN : Mon Dieu ! mon frère, vous en parlez comme un 2050 homme qui se porte bien ; mais, si vous étiez à ma place,

---

1 Lors de la première, le texte était, paraît-il, plus direct : « Allez, monsieur, allez, on voit bien que vous avez coutume de ne parler qu'à des culs » (*Œuvres complètes*, la Pléiade, t. II, p. 1515).

2 *bonne ordonnance* : ordonnance établie selon les règles.

3 *Encore un coup* : encore une fois.

vous changeriez bien de langage. Il est aisé de parler contre la médecine quand on est en pleine santé.

BÉRALDE : Mais quel mal avez-vous ?

ARGAN : Vous me feriez enrager. Je voudrais que vous
2055 l'eussiez, mon mal, pour voir si vous jaseriez[1] tant. Ah ! voici Monsieur Purgon.

SCÈNE 5 : MONSIEUR PURGON, ARGAN, BÉRALDE, TOINETTE

MONSIEUR PURGON : Je viens d'apprendre là-bas, à la porte, de jolies nouvelles : qu'on se moque ici de mes ordonnances, et qu'on a fait refus de prendre le remède que j'avais prescrit.

2060 **ARGAN** : Monsieur, ce n'est pas…

MONSIEUR PURGON : Voilà une hardiesse bien grande, une étrange rébellion d'un malade contre son médecin.

TOINETTE : Cela est épouvantable.

MONSIEUR PURGON : Un clystère[§] que j'avais pris plaisir à
2065 composer moi-même.

ARGAN : Ce n'est pas moi…

MONSIEUR PURGON : Inventé et formé[2] dans toutes les règles de l'art.

TOINETTE : Il a tort.

2070 **MONSIEUR PURGON** : Et qui devait faire dans des entrailles un effet merveilleux.

1 *jaseriez* : médiriez.
2 *formé* : préparé.

Monsieur Fleurant (Jean-François Bélanger), *une seringue à la main.*

Argan (Yvon Dufour) : Monsieur Fleurant, à ce soir, ou à demain au matin.

Acte III, scène 4, lignes 2030-2031.

La Nouvelle Compagnie théâtrale, 1978.
Mise en scène d'Yvan Canuel.

Argan : Mon frère ?

Monsieur Purgon : Le renvoyer avec mépris !

Argan : C'est lui…

2075 **Monsieur Purgon** : C'est une action exorbitante[1].

Toinette : Cela est vrai.

Monsieur Purgon : Un attentat énorme contre la médecine.

Argan : Il est cause…

Monsieur Purgon : Un crime de lèse-Faculté[2], qui ne se
2080 peut assez punir.

Toinette : Vous avez raison.

Monsieur Purgon : Je vous déclare que je romps commerce[3] avec vous.

Argan : C'est mon frère…

2085 **Monsieur Purgon** : Que je ne veux plus d'alliance[4] avec vous.

Toinette : Vous ferez bien.

Monsieur Purgon : Et que, pour finir toute liaison avec vous, voilà la donation que je faisais à mon neveu en faveur
2090 du mariage. *(Il déchire la donation et en jette les morceaux avec fureur.)*

Argan : C'est mon frère qui a fait tout le mal.

Monsieur Purgon : Mépriser mon clystère[§] !

Argan : Faites-le venir, je m'en vais le prendre.

---

1 *exorbitante* : contraire au droit.

2 *lèse-Faculté* : calqué sur *lèse-Majesté*, qui signifie « le plus grand des crimes ».

3 *commerce* : toute relation.

4 *alliance*, qu'aurait entraînée le mariage d'Angélique avec Thomas Diafoirus.

2095 **MONSIEUR PURGON** : Je vous aurais tiré d'affaire avant qu'il fût peu.

TOINETTE : Il ne le mérite pas.

MONSIEUR PURGON : J'allais nettoyer votre corps et en évacuer entièrement les mauvaises humeurs§.

2100 **ARGAN** : Ah, mon frère !

MONSIEUR PURGON : Et je ne voulais plus qu'une douzaine de médecines§, pour vider le fond du sac[1].

TOINETTE : Il est indigne de vos soins.

MONSIEUR PURGON : Mais puisque vous n'avez pas voulu 2105 guérir par mes mains.

ARGAN : Ce n'est pas ma faute.

MONSIEUR PURGON : Puisque vous vous êtes soustrait de l'obéissance que l'on doit à son médecin.

TOINETTE : Cela crie vengeance.

2110 **MONSIEUR PURGON** : Puisque vous vous êtes déclaré rebelle[2] aux remèdes que je vous ordonnais…

ARGAN : Hé ! point du tout.

MONSIEUR PURGON : J'ai à vous dire que je vous abandonne à votre mauvaise constitution, à l'intempérie§ de vos 2115 entrailles, à la corruption[3] de votre sang, à l'âcreté de votre bile et à la féculence[4] de vos humeurs.

TOINETTE : C'est fort bien fait.

ARGAN : Mon Dieu !

1 *vider le fond du sac* : vous nettoyer complètement.

2 *rebelle* : qui se révolte contre son Souverain (crime de lèse-Majesté).

3 *corruption* : décomposition, pourrissement.

4 *féculence* : impureté.

MONSIEUR PURGON : Et je veux qu'avant qu'il soit quatre
2120 jours vous deveniez dans un état incurable.

ARGAN : Ah ! miséricorde !

MONSIEUR PURGON : Que vous tombiez dans la bradypepsie[1].

ARGAN : Monsieur Purgon !

MONSIEUR PURGON : De la bradypepsie dans la dyspepsie[2].

2125 **ARGAN** : Monsieur Purgon !

MONSIEUR PURGON : De la dyspepsie dans l'apepsie[3].

ARGAN : Monsieur Purgon !

MONSIEUR PURGON : De l'apepsie dans la lienterie[4]...

ARGAN : Monsieur Purgon !

2130 **MONSIEUR PURGON** : De la lienterie dans la dysenterie[5]...

ARGAN : Monsieur Purgon !

MONSIEUR PURGON : De la dysenterie§ dans l'hydropisie[6]...

ARGAN : Monsieur Purgon !

MONSIEUR PURGON : Et de l'hydropisie§ dans la privation
2135 de la vie, où vous aura conduit votre folie.

1 *bradypepsie* : digestion lente.
2 *dyspepsie* : digestion difficile.
3 *apepsie* : absence de digestion.
4 *lienterie* : élimination rapide des aliments sans digestion.
5 *dysenterie* : très grave diarrhée.
6 *hydropisie* : grave enflure du corps causée par une accumulation d'eau.

© André Le Coz.

Monsieur Purgon (Michel Pasquier) : De la dysenterie dans l'hydropisie…

Argan (Yvon Dufour) : Monsieur Purgon !

Monsieur Purgon : Et de l'hydropisie dans la privation de la vie, où vous aura conduit votre folie.

Acte III, scène 5, lignes 2132 à 2135.

La Nouvelle Compagnie théâtrale, 1978.
Mise en scène d'Yvan Canuel.

SCÈNE 6 : ARGAN, BÉRALDE

ARGAN : Ah, mon Dieu ! je suis mort. Mon frère, vous m'avez perdu.

BÉRALDE : Quoi ? qu'y a-t-il ?

ARGAN : Je n'en puis plus. Je sens déjà que la médecine se
2140 venge.

BÉRALDE : Ma foi ! mon frère, vous êtes fou, et je ne voudrais pas, pour beaucoup de choses[1], qu'on vous vît faire ce que vous faites. Tâtez-vous[2] un peu, je vous prie, revenez à vous-même, et ne donnez point tant[3] à votre imagination.

2145 **ARGAN** : Vous voyez, mon frère, les étranges maladies dont il m'a menacé.

BÉRALDE : Le simple[4] homme que vous êtes !

ARGAN : Il dit que je deviendrai incurable avant qu'il soit quatre jours.

2150 **BÉRALDE** : Et ce qu'il dit, que fait-il à la chose ? Est-ce un oracle[5] qui a parlé ? Il semble, à vous entendre, que Monsieur Purgon tienne dans ses mains le filet de vos jours[6], et que, d'autorité suprême, il vous l'allonge et vous le raccourcisse comme il lui plaît. Songez que les principes
2155 de votre vie sont en vous-même, et que le courroux[7] de Monsieur Purgon est aussi peu capable de vous faire mourir

1 *beaucoup de choses* : rien au monde.
2 *Tâtez-vous* : réfléchissez.
3 *ne donnez point tant* : ne vous laissez pas tant aller.
4 *simple* : crédule.
5 *oracle* : personne infaillible (dans la mythologie gréco-latine, celui qui interprète la volonté des dieux auprès des hommes).
6 *filet de vos jours* : allusion aux trois Parques de la mythologie latine, qui tissaient et coupaient le fil de la vie de chacun.
7 *courroux* : colère.

que ses remèdes de vous faire vivre. Voici une aventure, si vous voulez, à vous défaire des médecins, ou, si vous êtes né à ne pouvoir vous en passer, il est aisé d'en avoir un autre,
2160 avec lequel, mon frère, vous puissiez courir un peu moins de risque.

ARGAN : Ah ! mon frère, il sait tout mon tempérament[1] et la manière dont il faut me gouverner[2].

BÉRALDE : Il faut vous avouer que vous êtes un homme
2165 d'une grande prévention[3], et que vous voyez les choses avec d'étranges yeux.

SCÈNE 7 : TOINETTE, ARGAN, BÉRALDE

TOINETTE : Monsieur, voilà un médecin qui demande à vous voir.

ARGAN : Et quel médecin ?

2170 **TOINETTE** : Un médecin de la médecine.

ARGAN : Je te demande qui il est ?

TOINETTE : Je ne le connais pas ; mais il me ressemble comme deux gouttes d'eau, et si je n'étais sûre que ma mère était honnête femme, je dirais que ce serait quelque petit
2175 frère qu'elle m'aurait donné depuis le trépas de mon père.

ARGAN : Fais-le venir.

1 *tempérament* : constitution physique. Les tempéraments sont les états d'équilibre des humeurs[§]. Tout individu a une humeur dominante qui détermine son tempérament : sanguin (sang), flegmatique (lymphe), colérique (bile), mélancolique (atrabile).

2 *gouverner* : soigner.

3 *d'une grande prévention* : avec beaucoup de préjugés.

Béralde : Vous êtes servi à souhait : un médecin vous quitte, un autre se présente.

Argan : J'ai bien peur que vous ne soyez cause de quelque 2180 malheur.

Béralde : Encore ! vous en revenez toujours là ?

Argan : Voyez-vous ? j'ai sur le cœur toutes ces maladies-là que je ne connais point, ces…

SCÈNE 8 : Toinette, *en médecin* ; Argan, Béralde

Toinette : Monsieur, agréez[1] que je vienne vous rendre visite 2185 et vous offrir mes petits services pour toutes les saignées et les purgations dont vous aurez besoin.

Argan : Monsieur, je vous suis fort obligé[§]. Par ma foi ! voilà Toinette elle-même.

Toinette : Monsieur, je vous prie de m'excuser, j'ai oublié 2190 de donner une commission à mon valet ; je reviens tout à l'heure[§].

Argan : Eh ! ne diriez-vous pas que c'est effectivement Toinette ?

Béralde : Il est vrai que la ressemblance est tout à fait 2195 grande. Mais ce n'est pas la première fois qu'on a vu de ces sortes de choses, et les histoires ne sont pleines que de ces jeux de la nature.

Argan : Pour moi, j'en suis surpris, et…

1 *agréez* : acceptez.

SCÈNE 9 : TOINETTE, ARGAN, BÉRALDE

TOINETTE *quitte son habit de médecin si promptement qu'il*
2200 *est difficile de croire que ce soit elle qui a paru en médecin* : Que voulez-vous, Monsieur ?

ARGAN : Comment ?

TOINETTE : Ne m'avez-vous pas appelée ?

ARGAN : Moi ? non.

2205 **TOINETTE** : Il faut donc que les oreilles m'aient corné[1].

ARGAN : Demeure un peu ici pour voir comme ce médecin te ressemble.

TOINETTE, *en sortant, dit* : Oui, vraiment, j'ai affaire là-bas, et je l'ai assez vu.

2210 **ARGAN** : Si je ne les voyais tous deux, je croirais que ce n'est qu'un.

BÉRALDE : J'ai lu des choses surprenantes de[2] ces sortes de ressemblances, et nous en avons vu de notre temps où tout le monde s'est trompé.

2215 **ARGAN** : Pour moi, j'aurais été trompé à celle-là, et j'aurais juré que c'est la même personne.

---

1 *que les oreilles m'aient corné* : que j'aie entendu des voix.

2 *de* : au sujet de.

SCÈNE 10 : TOINETTE, *en médecin* ; ARGAN, BÉRALDE

TOINETTE : Monsieur, je vous demande pardon de tout mon cœur.

ARGAN : Cela est admirable !

2220 TOINETTE : Vous ne trouverez pas mauvais, s'il vous plaît, la curiosité que j'ai eue de voir un illustre malade comme vous êtes ; et votre réputation, qui s'étend partout, peut excuser la liberté que j'ai prise.

ARGAN : Monsieur, je suis votre serviteur[§].

2225 TOINETTE : Je vois, Monsieur, que vous me regardez fixement. Quel âge croyez-vous bien que j'aie ?

ARGAN : Je crois que tout au plus vous pouvez avoir vingt-six ou vingt-sept ans.

5

TOINETTE : Ah, ah, ah, ah, ah ! j'en ai quatre-vingt-dix.

2230 ARGAN : Quatre-vingt-dix ?

TOINETTE : Oui. Vous voyez un effet des secrets de mon art, de me conserver ainsi frais et vigoureux.

ARGAN : Par ma foi ! voilà un beau jeune vieillard pour quatre-vingt-dix ans.

2235 TOINETTE : Je suis médecin passager[1], qui vais de ville en ville, de province en province, de royaume en royaume, pour chercher d'illustres matières à ma capacité[2], pour trouver des malades dignes de m'occuper, capables d'exercer[3] les grands et beaux secrets que j'ai trouvés dans la médecine. Je

1 *passager* : ambulant.

2 *illustres matières à ma capacité* : cas dignes de ma compétence.

3 *exercer* : mettre à l'épreuve.

2240 dédaigne de m'amuser à ce menu fatras[1] de maladies ordinaires, à ces bagatelles de rhumatismes et défluxions[2], à ces fiévrottes[3], à ces vapeurs[4], et à ces migraines. Je veux des maladies d'importance : de bonnes fièvres continues[5] avec des transports au cerveau[6], de bonnes fièvres pourprées[7], de 2245 bonnes pestes, de bonnes hydropisies[§] formées[8], de bonnes pleurésies[9] avec des inflammations de poitrine : c'est là que je me plais, c'est là que je triomphe ; et je voudrais, Monsieur, que vous eussiez toutes les maladies que je viens de dire, que vous fussiez abandonné de tous les médecins, 2250 désespéré, à l'agonie, pour vous montrer l'excellence de mes remèdes, et l'envie que j'aurais de vous rendre service.

Argan : Je vous suis obligé[§], Monsieur, des bontés que vous avez pour moi.

Toinette : Donnez-moi votre pouls. Allons donc, que l'on 2255 batte comme il faut. Ahy, je vous ferai bien aller comme vous devez. Hoy, ce pouls-là fait l'impertinent[§] : je vois bien que vous ne me connaissez pas encore. Qui est votre médecin ?

Argan : Monsieur Purgon.

2260 **Toinette** : Cet homme-là n'est point écrit sur mes tablettes entre[10] les grands médecins. De quoi dit-il que vous êtes malade ?

5

1 *fatras* : choses sans intérêt.
2 *défluxions* : accumulations de liquide.
3 *fiévrottes* : petites fièvres.
4 *vapeurs* : étourdissements.
5 *continues* : qui durent.
6 *transports au cerveau* : accès de délire.
7 *fièvres pourprées* : rougeole et scarlatine, par exemple.
8 *formées* : à un stade avancé.
9 *pleurésies* : inflammations du poumon.
10 *entre* : parmi.

ARGAN : Il dit que c'est du foie, et d'autres disent que c'est de la rate.

2265 TOINETTE : Ce sont tous des ignorants : c'est du poumon que vous êtes malade.

ARGAN : Du poumon ?

TOINETTE : Oui. Que sentez-vous ?

ARGAN : Je sens de temps en temps des douleurs de tête.

2270 TOINETTE : Justement, le poumon.

ARGAN : Il me semble parfois que j'ai un voile devant les yeux.

TOINETTE : Le poumon.

ARGAN : J'ai quelquefois des maux de cœur.

5

2275 TOINETTE : Le poumon.

ARGAN : Je sens parfois des lassitudes par[1] tous les membres.

TOINETTE : Le poumon.

ARGAN : Et quelquefois il me prend des douleurs dans le ventre, comme si c'étaient des coliques.

2280 TOINETTE : Le poumon. Vous avez appétit à ce que vous mangez ?

ARGAN : Oui, Monsieur.

TOINETTE : Le poumon. Vous aimez à boire un peu de vin ?

ARGAN : Oui, Monsieur.

2285 TOINETTE : Le poumon. Il vous prend un petit sommeil après le repas et vous êtes bien aise de dormir ?

---

1 *par* : dans.

ARGAN : Oui, Monsieur.

TOINETTE : Le poumon, le poumon, vous dis-je. Que vous ordonne votre médecin pour votre nourriture ?

2290 **ARGAN** : Il m'ordonne du potage.

TOINETTE : Ignorant.

ARGAN : De la volaille.

TOINETTE : Ignorant.

ARGAN : Du veau.

2295 **TOINETTE** : Ignorant.

ARGAN : Des bouillons.

TOINETTE : Ignorant.

ARGAN : Des œufs frais.

TOINETTE : Ignorant.

2300 **ARGAN** : Et le soir de petits pruneaux pour lâcher[1] le ventre.

TOINETTE : Ignorant.

ARGAN : Et surtout de boire mon vin fort trempé[2].

TOINETTE : *Ignorantus, ignoranta, ignorantum*[3]. Il faut boire votre vin pur ; et pour épaissir votre sang qui est trop
2305 subtil[4], il faut manger de bon gros bœuf, de bon gros porc, de bon fromage de Hollande, du gruau et du riz, et des marrons et des oublies[5], pour coller et conglutiner[6]. Votre médecin est une bête. Je veux vous en envoyer un de

1 *lâcher* : relâcher.
2 *fort trempé* : avec beaucoup d'eau.
3 *Ignorantus, ignoranta, ignorantum* : ignorant (faux adjectif latin).
4 *subtil* : liquide.
5 *oublies* : sortes de gaufres en forme de cornet.
6 *conglutiner* : lier, épaissir.

ma main[1], et je viendrai vous voir de temps en temps, tandis
2310 que je serai en cette ville.

Argan : Vous m'obligez beaucoup.

Toinette : Que diantre§ faites-vous de ce bras-là ?

Argan : Comment ?

Toinette : Voilà un bras que je me ferais couper tout à
2315 l'heure§, si j'étais que de vous§.

Argan : Et pourquoi ?

Toinette : Ne voyez-vous pas qu'il tire à soi toute la nourriture, et qu'il empêche ce côté-là de profiter ?

Argan : Oui, mais j'ai besoin de mon bras.

5 2320 **Toinette** : Vous avez là aussi un œil droit que je me ferais crever, si j'étais en votre place.

Argan : Crever un œil ?

Toinette : Ne voyez-vous pas qu'il incommode l'autre, et lui dérobe sa nourriture ? Croyez-moi, faites-vous-le crever
2325 au plus tôt, vous en verrez plus clair de l'œil gauche.

Argan : Cela n'est pas pressé.

Toinette : Adieu. Je suis fâché de vous quitter si tôt ; mais il faut que je me trouve à une grande consultation qui se doit faire pour un homme qui mourut hier.

2330 **Argan** : Pour un homme qui mourut hier ?

Toinette : Oui, pour aviser[2], et voir ce qu'il aurait fallu lui faire pour le guérir. Jusqu'au revoir.

---

1 *de ma main* : que j'ai formé.

2 *aviser* : donner mon avis.

ARGAN : Vous savez que les malades ne reconduisent point[1].

BÉRALDE : Voilà un médecin vraiment qui paraît fort
2335 habile[§].

ARGAN : Oui, mais il va un peu bien vite.

BÉRALDE : Tous les grands médecins sont comme cela.

ARGAN : Me couper un bras, et me crever un œil, afin que l'autre se porte mieux ? J'aime bien mieux qu'il ne se
2340 porte pas si bien. La belle opération, de me rendre borgne et manchot !

5

SCÈNE 11 : TOINETTE, ARGAN, BÉRALDE

TOINETTE, *feignant de parler à quelqu'un* : Allons, allons, je suis votre servante[2], je n'ai pas envie de rire.

ARGAN : Qu'est-ce que c'est ?

2345 **TOINETTE** : Votre médecin, ma foi ! qui me voulait tâter le pouls.

ARGAN : Voyez un peu, à l'âge de quatre-vingt-dix ans !

BÉRALDE : Oh çà, mon frère, puisque voilà votre Monsieur Purgon brouillé avec vous, ne voulez-vous pas bien que je
2350 vous parle du parti qui s'offre pour ma nièce ?

ARGAN : Non, mon frère : je veux la mettre dans un couvent, puisqu'elle s'est opposée à mes volontés. Je vois bien qu'il y

1 *ne reconduisent point* : ne raccompagnent pas les visiteurs à la porte.
2 *je suis votre servante* : formule de politesse, ici ironique. Toinette feint de trouver inconvenant que le médecin lui touche le poignet.

a quelque amourette là-dessous, et j'ai découvert certaine entrevue secrète, qu'on ne sait pas que j'aie découverte.

2355 **Béralde** : Hé bien ! mon frère, quand il y aurait quelque petite inclination§, cela serait-il si criminel, et rien[1] peut-il vous offenser, quand tout ne va qu'à des choses honnêtes comme le mariage ?

Argan : Quoi qu'il en soit, mon frère, elle sera religieuse, 2360 c'est une chose résolue.

Béralde : Vous voulez faire plaisir à quelqu'un.

Argan : Je vous entends[2] : vous en revenez toujours là, et ma femme vous tient au cœur.

Béralde : Hé bien ! oui, mon frère, puisqu'il faut parler à 2365 cœur ouvert, c'est votre femme que je veux dire ; et non plus que l'entêtement[3] de la médecine, je ne puis vous souffrir§ l'entêtement où vous êtes pour elle, et voir que vous donniez tête baissée dans tous les pièges qu'elle vous tend.

Toinette : Ah ! Monsieur, ne parlez point de Madame : 2370 c'est une femme sur laquelle il n'y a rien à dire, une femme sans artifice[4], et qui aime Monsieur, qui l'aime… on ne peut pas dire cela.

Argan : Demandez-lui un peu les caresses[5] qu'elle me fait.

Toinette : Cela est vrai.

2375 **Argan** : L'inquiétude que lui donne ma maladie.

Toinette : Assurément.

1 *rien* : quelque chose.
2 *vous entends* : comprends l'allusion.
3 *non plus que l'entêtement* : pas plus que votre parti pris en faveur.
4 *artifice* : hypocrisie.
5 *caresses* : marques d'affection.

Argan : Et les soins et les peines qu'elle prend autour de moi.

Toinette : Il est certain. Voulez-vous que je vous convain-
2380 que, et vous fasse voir tout à l'heure§ comme Madame aime Monsieur ? Monsieur, souffrez que je lui montre son bec jaune[1], et le tire d'erreur.

Argan : Comment ?

Toinette : Madame s'en va revenir. Mettez-vous tout éten-
2385 du dans cette chaise, et contrefaites le mort. Vous verrez la douleur où elle sera, quand je lui dirai la nouvelle.

Argan : Je le veux bien.

Toinette : Oui ; mais ne la laissez pas longtemps dans le désespoir, car elle en pourrait bien mourir.

2390 **Argan** : Laisse-moi faire.

Toinette, *à Béralde* : Cachez-vous, vous, dans ce coin-là.

Argan : N'y a-t-il point quelque danger à contrefaire le mort ?

Toinette : Non, non : quel danger y aurait-il ? Étendez-
2395 vous là seulement. (*Bas.*) Il y aura plaisir à confondre[2] votre frère. Voici Madame. Tenez-vous bien.

1 *son bec jaune* : son erreur, par allusion au bec jaune des jeunes oiseaux inexpérimentés.

2 *confondre* : convaincre de son erreur.

SCÈNE 12 : BÉLINE, TOINETTE, ARGAN, BÉRALDE

TOINETTE *s'écrie* : Ah, mon Dieu ! Ah, malheur ! Quel étrange accident !

BÉLINE : Qu'est-ce, Toinette ?

2400 TOINETTE : Ah, Madame !

BÉLINE : Qu'y a-t-il ?

TOINETTE : Votre mari est mort.

BÉLINE : Mon mari est mort ?

TOINETTE : Hélas ! oui. Le pauvre défunt est trépassé.

2405 BÉLINE : Assurément ?

TOINETTE : Assurément. Personne ne sait encore cet accident-là, et je me suis trouvée ici toute seule. Il vient de passer[1] entre mes bras. Tenez, le voilà tout de son long dans cette chaise.

2410 BÉLINE : Le Ciel en soit loué ! Me voilà délivrée d'un grand fardeau. Que tu es sotte, Toinette, de t'affliger de cette mort !

TOINETTE : Je pensais, Madame, qu'il fallût pleurer.

BÉLINE : Va, va, cela n'en vaut pas la peine. Quelle perte est-ce que la sienne ? et de quoi servait-il sur la terre ?
2415 Un homme incommode[2] à tout le monde, malpropre, dégoûtant, sans cesse un lavement ou une médecine[§] dans le ventre, mouchant, toussant, crachant toujours, sans esprit, ennuyeux, de mauvaise humeur, fatiguant sans cesse les gens, et grondant jour et nuit servantes et valets.

1 *passer* : mourir.
2 *incommode* : désagréable.

Béline (Linda Sorgini): Le Ciel en soit loué ! Me voilà délivrée d'un grand fardeau. Que tu es sotte, Toinette, de t'affliger de cette mort !

Toinette (Guylaine Tremblay): Je pensais, Madame, qu'il fallût pleurer.

Argan (Rémy Girard)

Acte iii, scène 12, lignes 2410 à 2412.

Théâtre du Rideau Vert, 1996.
Mise en scène de Guillermo de Andrea.

2420 **Toinette** : Voilà une belle oraison funèbre[1].

Béline : Il faut, Toinette, que tu m'aides à exécuter mon dessein[§], et tu peux croire qu'en me servant ta récompense est sûre. Puisque, par un bonheur, personne n'est encore averti de la chose, portons-le dans son lit, et tenons cette
2425 mort cachée, jusqu'à ce que j'aie fait mon affaire. Il y a des papiers, il y a de l'argent dont je me veux saisir, et il n'est pas juste que j'aie passé sans fruit[2] auprès de lui mes plus belles années. Viens, Toinette, prenons auparavant toutes ses clefs.

Argan, *se levant brusquement* : Doucement.

2430 **Béline**, *surprise et épouvantée* : Ahy !

Argan : Oui, Madame ma femme, c'est ainsi que vous m'aimez ?

Toinette : Ah, ah ! le défunt n'est pas mort.

Argan, *à Béline, qui sort* : Je suis bien aise de voir votre
2435 amitié[3], et d'avoir entendu le beau panégyrique[4] que vous avez fait de moi. Voilà un avis au lecteur[5] qui me rendra sage à l'avenir, et qui m'empêchera de faire bien des choses.

Béralde, *sortant de l'endroit où il était caché* : Hé bien ! mon frère, vous le voyez.

2440 **Toinette** : Par ma foi ! je n'aurais jamais cru cela. Mais j'entends votre fille : remettez-vous comme vous étiez, et voyons de quelle manière elle recevra[6] votre mort. C'est une chose qu'il n'est pas mauvais d'éprouver ; et puisque vous

1 *oraison funèbre* : discours, habituellement élogieux, d'un défunt au moment des funérailles (ironie).
2 *sans fruit* : sans profit.
3 *amitié* : amour.
4 *panégyrique* : éloge (ironie).
5 *avis au lecteur* : avertissement.
6 *recevra* : réagira à l'annonce de.

êtes en train, vous connaîtrez par là les sentiments que votre
2445 famille a pour vous. *(Béralde va encore se cacher.)*

SCÈNE 13 : Angélique, Argan, Toinette, Béralde

Toinette *s'écrie* : Ô Ciel ! ah, fâcheuse[1] aventure ! Malheureuse journée !

Angélique : Qu'as-tu, Toinette, et de quoi pleures-tu ?

Toinette : Hélas ! j'ai de tristes nouvelles à vous donner.

2450 Angélique : Hé quoi ?

Toinette : Votre père est mort.

Angélique : Mon père est mort, Toinette ?

Toinette : Oui, vous le voyez là. Il vient de mourir tout à l'heure[§] d'une faiblesse qui lui a pris.

2455 Angélique : Ô Ciel ! quelle infortune ! quelle atteinte[§] cruelle ! Hélas ! faut-il que je perde mon père, la seule chose qui me restait au monde ? et qu'encore, pour un surcroît de désespoir, je le perde dans un moment où il était irrité contre moi ? Que deviendrai-je, malheureuse, et quelle conso-
2460 lation trouver après une si grande perte ?

1 *fâcheuse* : terrible.

SCÈNE 14 : CLÉANTE, ANGÉLIQUE, ARGAN, TOINETTE, BÉRALDE

CLÉANTE : Qu'avez-vous donc, belle Angélique ? et quel malheur pleurez-vous ?

ANGÉLIQUE : Hélas ! je pleure tout ce que dans la vie je pouvais perdre de plus cher et de plus précieux : je pleure la
2465 mort de mon père.

CLÉANTE : Ô Ciel ! quel accident ! quel coup inopiné[§] ! Hélas ! après la demande que j'avais conjuré[§] votre oncle de lui faire pour moi, je venais me présenter à lui, et tâcher par mes respects et par mes prières de disposer son cœur à vous
2470 accorder à mes vœux.

ANGÉLIQUE : Ah ! Cléante, ne parlons plus de rien. Laissons là toutes les pensées du mariage. Après la perte de mon père, je ne veux plus être du monde[1], et j'y renonce pour jamais. Oui, mon père, si j'ai résisté tantôt[§] à vos volontés, je veux
2475 suivre du moins une de vos intentions, et réparer par-là le chagrin que je m'accuse de vous avoir donné. Souffrez, mon père, que je vous en donne ici ma parole, et que je vous embrasse pour vous témoigner mon ressentiment[2].

ARGAN *se lève* : Ah, ma fille !

2480 **ANGÉLIQUE**, *épouvantée* : Ahy !

ARGAN : Viens. N'aie point de peur, je ne suis pas mort. Va, tu es mon vrai sang, ma véritable fille, et je suis ravi d'avoir vu ton bon naturel.

ANGÉLIQUE : Ah ! quelle surprise agréable, mon père ! Puis-
2485 que par un bonheur extrême le Ciel vous redonne à mes

---

1 *être du monde* : vivre en société ; elle se fera religieuse.
2 *ressentiment* : sentiments, ici, de douleur et d'affection.

vœux, souffrez qu'ici je me jette à vos pieds pour vous supplier d'une chose. Si vous n'êtes pas favorable au penchant de mon cœur, si vous me refusez Cléante pour époux, je vous conjure§, au moins, de ne me point forcer d'en épouser
2490 un autre. C'est toute la grâce que je vous demande.

CLÉANTE *se jette à genoux*: Eh! Monsieur, laissez-vous toucher à ses prières et aux miennes, et ne vous montrez point contraire aux mutuels empressements[1] d'une si belle inclination§.

2495 BÉRALDE : Mon frère, pouvez-vous tenir là contre[2] ?

TOINETTE : Monsieur, serez-vous insensible à tant d'amour ?

ARGAN : Qu'il se fasse médecin, je consens au mariage. Oui, faites-vous médecin, je vous donne ma fille.

2500 CLÉANTE : Très volontiers, Monsieur : s'il ne tient qu'à cela pour être votre gendre, je me ferai médecin, apothicaire§ même, si vous voulez. Ce n'est pas une affaire que cela, et je ferais bien d'autres choses pour obtenir la belle Angélique.

BÉRALDE : Mais, mon frère, il me vient une pensée : faites-
2505 vous médecin vous-même. La commodité sera encore plus grande, d'avoir en vous tout ce qu'il vous faut.

TOINETTE : Cela est vrai. Voilà le vrai moyen de vous guérir bientôt; et il n'y a point de maladie si osée, que de se jouer[3] à la personne d'un médecin.

2510 ARGAN : Je pense, mon frère, que vous vous moquez de moi : est-ce que je suis en âge d'étudier ?

1 *empressements* : témoignages d'affection.
2 *tenir là contre* : résister à cela.
3 *si osée, que de se jouer* : si audacieuse pour s'attaquer.

Béralde : Bon, étudier ! Vous êtes assez savant ; et il y en a beaucoup parmi eux qui ne sont pas plus habiles§ que vous.

Argan : Mais il faut savoir bien parler latin, connaître les
2515 maladies, et les remèdes qu'il y faut faire.

Béralde : En recevant la robe et le bonnet[1] de médecin, vous apprendrez tout cela, et vous serez après plus habile que vous ne voudrez.

Argan : Quoi ? l'on sait discourir sur les maladies quand on
2520 a cet habit-là ?

Béralde : Oui. L'on n'a qu'à parler avec une robe et un bonnet, tout galimatias§ devient savant, et toute sottise devient raison.

Toinette : Tenez, Monsieur, quand il n'y aurait que votre
2525 barbe[2], c'est déjà beaucoup, et la barbe fait plus de la moitié d'un médecin.

Cléante : En tout cas, je suis prêt à tout.

Béralde : Voulez-vous que l'affaire se fasse tout à l'heure§ ?

Argan : Comment tout à l'heure ?

2530 **Béralde** : Oui, et dans votre maison.

Argan : Dans ma maison ?

Béralde : Oui. Je connais une Faculté de mes amies, qui viendra tout à l'heure en faire la cérémonie dans votre salle. Cela ne vous coûtera rien.

2535 **Argan** : Mais moi, que dire, que répondre ?

1 Il s'agit du bonnet carré des docteurs.

2 En principe, au XVIIe siècle, les médecins portent la barbe. Pour jouer Argan, Molière portait une moustache et une forte mouche (touffe de poils sous la lèvre inférieure).

Béralde : On vous instruira en deux mots, et l'on vous donnera par écrit ce que vous devez dire. Allez-vous-en vous mettre en habit décent[1], je vais les envoyer quérir[§].

Argan : Allons, voyons cela.

2540 **Cléante** : Que voulez-vous dire, et qu'entendez[§]-vous avec cette Faculté de vos amies… ?

Toinette : Quel est donc votre dessein[§] ?

Béralde : De nous divertir un peu ce soir. Les comédiens ont fait un petit intermède[§] de la réception d'un médecin[2],
2545 avec des danses et de la musique ; je veux que nous en prenions ensemble le divertissement, et que mon frère y fasse le premier personnage.

Angélique : Mais mon oncle, il me semble que vous vous jouez[§] un peu beaucoup de mon père.

2550 **Béralde** : Mais, ma nièce, ce n'est pas tant le jouer, que s'accommoder à ses fantaisies. Tout ceci n'est qu'entre nous. Nous y pouvons aussi prendre chacun un personnage, et nous donner ainsi la comédie les uns aux autres. Le carnaval[3] autorise cela. Allons vite préparer toutes choses.

2555 **Cléante**, *à Angélique* : Y consentez-vous ?

Angélique : Oui, puisque mon oncle nous conduit.

---

1 *décent* : qui convient à la cérémonie.

2 *réception d'un médecin* : cérémonie durant laquelle un candidat est reçu médecin.

3 *carnaval* : période de réjouissances avant le Carême, qui commence aux Rois (6 janvier) et se termine le Mercredi des Cendres.

TROISIÈME INTERMÈDE[§]

C'est une cérémonie burlesque d'un homme qu'on fait médecin en récit[1], chant et danse.

ENTRÉE DE BALLET

Plusieurs tapissiers viennent préparer la salle et placer les bancs en cadence ; ensuite de quoi toute l'assemblée (composée de huit porte-seringues[§], six apothicaires[§], vingt-deux docteurs, celui qui se fait recevoir médecin, huit chirurgiens dansants, et deux chantants) entre, et prend ses places, selon les rangs. 2560

		[TRADUCTION][2]
	PRÆSES	LE PRÉSIDENT[3]
	Sçavantissimi doctores,	Très savants docteurs,
2565	*Medicinæ professores,*	Professeurs de médecine,
	Qui hic assemblati estis,	Qui êtes ici assemblés,
	Et vos, altri Messiores,	Et vous, autres Messieurs,
	Sententiarum Facultatis	Des décisions de la Faculté
	Fideles executores,	Fidèles exécuteurs,
2570	*Chirurgiani et apothicari,*	Chirurgiens et apothicaires,
	Atque tota compania aussi,	Et toute la compagnie aussi,
	Salus, honor, et argentum,	Salut, honneur et argent,
	Atque bonum appetitum.	Et bon appétit !
	Non possum, docti Confreri,	Je ne puis, doctes[§] Confrères,
2575	*En moi satis admirari*	En moi-même assez admirer
	Qualis bona inventio	Quelle bonne invention
	Est medici professio,	Est la profession de médecin,

1 *récit* : partie parlée avec accompagnement de musique.

2 Le texte est en latin macaronique, une parodie de latin composée de mots français (pour certains on a ajouté une terminaison latine) et de mots latins connus grâce aux cérémonies religieuses, en latin à l'époque.

3 Le discours d'ouverture du président est normalement un hommage à la science ainsi qu'à la vertu et au désintéressement de la corporation des médecins.

	Quam bella chosa est, et bene [trovata,	Quelle belle chose, et [bien trouvée,
	Medicina illa benedicta,	Est cette médecine bénie,
2580	*Quæ suo nomine solo,*	Qui, grâce à son seul nom,
	Surprenanti miraculo,	Par un surprenant miracle,
	Depuis si longo tempore,	Depuis si longtemps,
	Facit à gogo vivere	Fait vivre à gogo[1],
	Tant de gens omni genere.	Tant de gens de toute sorte.
2585	*Per totam terram videmus*	Par toute la terre, nous voyons
	Grandam vogam ubi sumus,	La grande vogue où nous sommes,
	Et quod grandes et petiti	Et combien les grands et les petits
	Sunt de nobis infatuti.	Sont de nous entichés.
	Totus mundus, currens ad nostros [remedios,	Le monde entier, courant après [nos remèdes,
2590	*Nos regardat sicut Deos;*	Nous regarde comme des dieux;
	Et nostris ordonnanciis	Et à nos ordonnances
	Principes et reges soumissos [videtis.	Nous voyons soumis princes [et rois.
	Donque il est nostræ sapientiæ,	Il est donc de notre sagesse,
	Boni sensus atque [prudentiæ,	De notre bon sens et de notre [prudence,
2595	*De fortement travaillare*	De fortement travailler
	A nos bene conservare	À nous bien conserver
	In tali credito, voga, et [honore,	Un tel crédit, une telle vogue et [un tel honneur,
	Et prandere gardam à non [recevere	Et de prendre garde à ne [recevoir
	In nostro docto corpore	Dans notre docte[§] corporation
2600	*Quam personas capabiles,*	Que des personnes capables
	Et totas dignas ramplire	Et parfaitement dignes d'occuper
	Has plaças honorabiles.	Ces places honorables.

1 *à gogo* : dans l'abondance.

	C'est pour cela que nunc	C'est pour cela que vous êtes à
	[convocati estis:	[présent convoqués:
	Et credo quod trovabitis	Et je crois que vous trouverez
2605	*Dignam matieram medici*	Les qualités dignes d'un médecin
	In sçavanti homine que voici,	Dans le savant homme que voici,
	Lequel, in chosis omnibus,	Lequel, en toutes choses,
	Dono ad interrogandum,	Je vous donne à interroger
	Et à fond examinandum	Et à examiner à fond
2610	*Vostris capacitatibus.*	Selon vos capacités.
	PRIMUS DOCTOR	**LE PREMIER DOCTEUR**[1]
	Si mihi licenciam dat Dominus	Si me le permettent le Seigneur
	[Præses,	[Président,
	Et tanti docti Doctores,	Et tant de doctes[§] docteurs,
	Et assistantes illustres,	Et d'illustres assistants,
	Très sçavanti Bacheliero,	Au très savant Bachelier
2615	*Quem estimo et honoro,*	Que j'estime et honore,
	Domandabo causam et rationem	Je demanderai la cause et la
	[quare	[raison pour lesquelles
	Opium facit dormire.	L'opium fait dormir.
	BACHELIERUS	**LE BACHELIER**
	Mihi a docto Doctore	À moi, le docte Docteur
	Domandatur causam et rationem	Me demande la cause et la
	[quare	[raison pour lesquelles
2620	*Opium facit dormire:*	L'opium fait dormir?
	A quoi respondeo,	À quoi je réponds:
	Quia est in eo	Parce qu'il possède en lui
	Virtus dormitiva,	Une vertu dormitive,
	Cujus est natura	Dont la nature
2625	*Sensus assoupire.*	Est d'assoupir les sens.

1 L'ordre des questions est celui qui était effectivement en usage à l'époque : question de physiologie (Premier Docteur), de pathologie (Deuxième Docteur et Troisième Docteur) et examen pratique avec un cas concret (Quatrième Docteur).

Chorus	**Le Chœur**
Bene, bene, bene, bene respondere :	Bien, bien, bien, bien répondu.
Dignus, dignus est entrare	Digne, il est digne d'entrer
In nostro docto corpore.	Dans notre docte§ corporation.
Secundus doctor	**Le Second Docteur**
Cum permissione Domini [Præsidis,	Avec la permission du Seigneur [Président,
2630 *Doctissimæ Facultatis,*	De la très docte Faculté
Et totius his nostris actis	Et de toute la compagnie
Companiæ assistantis,	Qui assiste à nos débats,
Domandabo tibi, docte [Bacheliere,	Je te demanderai, docte [Bachelier,
Quæ sunt remedia	Quels sont les remèdes
2635 *Quæ in maladia*	Que, dans la maladie
Ditte hydropisia	Appelée hydropisie§,
Convenit facere.	Il convient de prescrire.
Bachelierus	**Le Bachelier**
Clysterium donare,	Le clystère§ donner,
Postea seignare,	Puis saigner,
2640 *Ensuitta purgare.*	Ensuite purger.
Chorus	**Le Chœur**
Bene, bene, bene, bene respondere :	Bien, bien, bien, bien répondu.
Dignus, dignus est entrare	Digne, il est digne d'entrer
In nostro docto corpore.	Dans notre docte corporation.
Tertius doctor	**Le Troisième Docteur**
Si bonum semblatur Domino [Præsidi,	Si bon vous semble, Seigneur [Président,
2645 *Doctissimæ Facultati,*	Très docte Faculté
Et companiæ præsenti,	Et la compagnie ici présente,
Domandabo tibi, docte Bacheliere,	Je te demanderai, docte Bachelier,
Quæ remedia eticis,	Quels remèdes aux étiques[1],

1 *étiques* : amaigris par la fièvre.

	Pulmonicis, atque	Aux pulmoniques[1] et aux
	[asmaticis,	[asthmatiques
2650	*Trovas à propos facere.*	Tu trouves à propos de prescrire.
	BACHELIERUS	LE BACHELIER
	Clysterium donare,	Le clystère donner,
	Postea seignare,	Puis saigner,
	Ensuitta purgare.	Ensuite purger.
	CHORUS	LE CHŒUR
	Bene, bene, bene, bene respondere :	Bien, bien, bien, bien répondu.
2655	*Dignus, dignus est entrare*	Digne, il est digne d'entrer
	In nostro docto corpore.	Dans notre docte corporation.
	QUARTUS DOCTOR	LE QUATRIÈME DOCTEUR
	Super illas maladias	Sur ces maladies,
	Doctus Bachelierus dixit	Le docte Bachelier a dit des
	[maravillas :	[merveilles.
	Mais si non ennuyo Dominum	Mais, si je n'ennuie pas le
	[Præsidem,	[Seigneur Président,
2660	*Doctissimam Facultatem,*	La très docte Faculté
	Et totam honorabilem	Et toute l'honorable
	Companiam ecoutantem,	Compagnie qui m'écoute,
	Faciam illi unam quæstionem.	Je lui poserai une seule question.
	De hiero maladus unus	Hier un malade
2665	*Tombavit in meas manus :*	Tomba entre mes mains :
	Habet grandam fievram cum	Il a une forte fièvre avec des
	[edoublamentis,	[redoublements,
	Grandam dolorem capitis,	Une grande douleur à la tête
	Et grandum malum au costé,	Et un grand mal au côté,
	Cum granda difficultate	Avec une grande difficulté
2670	*Et pena de respirare :*	Et peine à respirer.
	Veillas mihi dire,	Veux-tu me dire,
	Docte Bacheliere,	Docte[§] Bachelier,
	Quid illi facere ?	Que lui prescrire ?

1 *pulmoniques* : tuberculeux.

	BACHELIERUS	**LE BACHELIER**
	Clysterium donare,	Le clystère donner,
2675	*Postea seignare,*	Puis saigner,
	Ensuitta purgare.	Ensuite purger.
	QUINTUS DOCTOR	**LE CINQUIÈME DOCTEUR**
	Mais si maladia	Mais si la maladie
	Opiniatria	Opiniâtre
	Non vult se garire,	Ne veut pas guérir,
2680	*Quid illi facere ?*	Que lui prescrire ?
	BACHELIERUS	**LE BACHELIER**
	Clysterium donare,	Le clystère donner,
	Postea seignare,	Puis saigner,
	Ensuitta purgare.	Ensuite purger.
	CHORUS	**LE CHŒUR**
	Bene, bene, bene, bene respondere :	Bien, bien, bien, bien répondu.
2685	*Dignus, dignus est entrare*	Digne, il est digne d'entrer
	In nostro docto corpore.	Dans notre docte[§] corporation.
	PRÆSES	**LE PRÉSIDENT**[1]
	Juras gardare statuta	Jures-tu d'observer les règles
	Per Facultatem præscripta	Prescrites par la Faculté
	Cum sensu et jugeamento ?	Avec intelligence et jugement ?
	BACHELIERUS	**LE BACHELIER**
2690	*Juro.*	Je le jure[2].
	PRÆSES	**LE PRÉSIDENT**
	Essere, in omnibus	D'être, dans toutes
	Consultationibus,	Les consultations,

1 Les trois articles du serment sont proches de ceux de l'époque : obéir à la Faculté, être de l'avis des Anciens et n'utiliser que les médicaments acceptés par la Faculté.

2 Selon la tradition, c'est au moment de l'un de ces *Juro* que Molière fut pris d'un malaise.

	Ancieni aviso,	De l'avis des anciens,
	Aut bono,	Qu'il soit bon
2695	*Aut mauvaiso?*	Ou mauvais?
	BACHELIERUS	LE BACHELIER
	Juro.	Je le jure.
	PRÆSES	LE PRÉSIDENT
	De non jamais te servire	De ne jamais te servir
	De remediis aucunis	D'autres remèdes
	Quam de ceux seulement	Que ceux seulement de la
	[doctæ Facultatis,	[docte[§] Faculté,
2700	*Maladus dust-il crevare,*	Le malade dût-il en crever,
	Et mori de suo malo?	Et mourir de son mal?
	BACHELIERUS	LE BACHELIER
	Juro.	Je le jure.
	PRÆSES	LE PRÉSIDENT
	Ego, cum isto boneto	Moi, avec ce bonnet[§]
	Venerabili et docto,	Vénérable et docte,
2705	*Dono tibi et concedo*	Je te donne et t'accorde
	Virtutem et puissanciam	La vertu et la puissance
	Medicandi,	De médiciner,
	Purgandi,	De purger,
	Seignandi,	De saigner,
2710	*Perçandi,*	De percer,
	Taillandi,	De tailler,
	Coupandi.	De couper
	Et occidendi	Et de tuer
	Impune per totam terram.	Impunément par toute la terre.

ENTRÉE DE BALLET

2715 Tous les Chirurgiens et Apothicaires[§] viennent lui faire la révérence en cadence.

	BACHELIERUS	LE BACHELIER
	Grandes doctores doctrinæ	Grands docteurs de la doctrine,
	De la rhubarbe et du séné,	De la rhubarbe[§] et du séné[§],
	Ce serait sans douta à moi	Ce serait sans doute pour moi
	[chosa folla,	[chose folle,
2720	*Inepta et ridicula,*	Inepte et ridicule,
	Si j'alloibam m'engageare	Si j'allais m'engager
	Vobis louangeas donare,	À vous donner des louanges,
	Et entreprenoibam adjoutare	Et si j'entreprenais d'ajouter
	Des lumieras au soleillo,	Des lumières au soleil
2725	*Et des étoilas au cielo,*	Et des étoiles au ciel,
	Des ondas à l'Oceano,	Des eaux à l'Océan
	Et des rosas au printanno.	Et des roses au printemps.
	Agreate qu'avec uno moto,	Acceptez qu'en un mot
	Pro toto remercimento,	Pour tout remerciement,
2730	*Rendam gratiam corpori*	Je rende grâce à une corporation
	[tam docto.	[si docte[§].
	Vobis, vobis debeo	C'est à vous, à vous que je dois
	Bien plus qu'à naturæ et qu'à	Bien plus qu'à la nature et qu'à
	[patri meo :	[mon père.
	Natura et pater meus	La nature et mon père
	Hominem me habent factum ;	M'ont fait homme ;
2735	*Mais vos me, ce qui est*	Mais vous, ce qui est
	[bien plus,	[bien plus,
	Avetis factum medicum,	M'avez fait médecin.
	Honor, favor, et	Cet honneur, cette faveur et
	[gratia	[cette grâce
	Qui, in hoc corde que	Que vous me faites, dans ce
	[voilà,	[coeur que voilà,
	Imprimant ressentimenta	Impriment des sentiments
2740	*Qui dureront in secula.*	Qui dureront des siècles.

Chorus	**Le Chœur**
Vivat, vivat, vivat, vivat, cent	Qu'il vive, qu'il vive, qu'il vive,
[fois vivat,	[qu'il vive, cent fois qu'il vive
Novus Doctor, qui tam	Le nouveau Docteur qui parle
[bene parlat !	[si bien !
Mille, mille annis et manget	Pendant mille, mille ans, et
[et bibat,	[qu'il mange, et qu'il boive,
Et seignet et tuat !	Et qu'il saigne, et qu'il tue !

Entrée de ballet

2745 Tous les Chirurgiens et les Apothicaires[§] dansent au son des instruments et des voix, et des battements de mains, et des mortiers[1] d'apothicaires.

Chirurgus	**Le Chirurgien**
Puisse-t-il voir doctas	Puisse-t-il voir ses doctes
Suas ordonnancias	Ordonnances
2750 *Omnium chirurgorum*	De tous les chirurgiens
Et apothiquarum	Et apothicaires
Remplire boutiquas !	Remplir les boutiques !

Chorus	**Le Chœur**
Vivat, vivat, vivat, vivat, cent	Qu'il vive, qu'il vive, qu'il vive,
[fois vivat,	[qu'il vive, cent fois qu'il vive
Novus Doctor, qui tam	Le nouveau Docteur qui parle
[bene parlat !	[si bien !
2755 *Mille, mille annis et manget*	Pendant mille, mille ans, et
[et bibat,	[qu'il mange, et qu'il boive,
Et seignet et tuat !	Et qu'il saigne, et qu'il tue !

---

1 *mortiers* : récipients qui servent à broyer les médicaments.

CHORUS

Vivat, vivat, vivat, vivat, cent fois vivat,
Novus Doctor, qui tam bene parlat !
Mille, mille annis et manget et bibat,
Et seignet et tuat !

TROISIÈME INTERMÈDE, lignes 2741 à 2744.

THÉÂTRE DU NOUVEAU MONDE, 1973.
Mise en scène de Robert Prévost.

	CHIRURGUS	LE CHIRURGIEN
	Puissent toti anni	Puissent toutes ces années
	Lui essere boni	Lui être bonnes
	Et favorabiles,	Et favorables,
2760	*Et n'habere jamais*	Et n'avoir jamais
	Quam pestas, verolas,	Que pestes, véroles,
	Fievras, pluresias,	Fièvres, pleurésies§,
	Fluxus de sang, et dyssenterias!	Flux de sang et dysenteries§!
	CHORUS	LE CHŒUR
	Vivat, vivat, vivat, vivat, cent	Qu'il vive, qu'il vive, qu'il vive,
	[fois vivat,	[qu'il vive, cent fois qu'il vive
2765	*Novus Doctor, qui tam*	Le nouveau Docteur qui parle
	[bene parlat!	[si bien!
	Mille, mille annis et manget	Pendant mille, mille ans, et
	[et bibat,	[qu'il mange, et qu'il boive,
	Et seignet et tuat!	Et qu'il saigne, et qu'il tue!

DERNIÈRE ENTRÉE DE BALLET

J B. P. Molière

Gravure anonyme tirée d'une édition de 1692 et illustrant la scène 14 de l'ACTE III : au centre, Argan contrefaisant le mort; à droite, Angélique, pleurant appuyée sur son père, et Cléante; à gauche, Béralde et Toinette.

Bibliothèque de l'Arsenal, Paris.

Molière.

Gravure par J.-Baptiste Nolin,
d'après un dessin de Pierre Mignard, 1685.

PRÉSENTATION DE L'ŒUVRE

Molière et Louis XIV.

Par I. Ingres, 1857.
Bibliothèque de la Comédie-Française, Paris.

Molière, son époque et son œuvre

LA FRANCE EN 1673

La politique

En 1673, année de la création du *Malade imaginaire*, Louis XIV (1638-1715) est roi depuis 1654, mais il règne effectivement sur la France depuis douze ans, soit depuis la mort de Mazarin, son ministre. Le souvenir de la Fronde (1648-1652), période durant laquelle les Grands se sont révoltés contre le pouvoir royal et qui a obligé l'enfant qu'il était alors à fuir Paris, l'a marqué. Devenu roi, Louis XIV consolide la monarchie absolue et surveille étroitement les nobles. Il les occupe grâce aux fastes de la vie de cour. Il leur offre des divertissements dont Molière est l'un des principaux artisans de 1664 à sa mort, en 1673. Louis XIV a aussi fait bâtir Versailles, symbole de la puissance française au XVIIe siècle, où il s'est installé en 1672.

La société

En 1673, la société française est très hiérarchisée. Au sommet, le roi règne, détenteur de toute autorité. Immédiatement sous lui, les nobles, dont il s'entoure mais dont il se méfie, détiennent de par leur naissance le monopole des hautes fonctions militaires et ecclésiastiques. Puis vient la bourgeoisie, nouvelle classe sociale à laquelle le roi confie la gestion des affaires de l'État. Colbert (1619-1683), son ministre, en est le prototype. Sous sa gouverne, l'économie française est en pleine expansion. En bas de la pyramide sociale, se trouve 95 % de la population, à la merci des classes supérieures.

Les idéologies

En 1673, deux partis idéologiques s'affrontent : les libertins et les dévots. Les premiers revendiquent la liberté de pensée, tandis que les seconds souhaitent que tous se conforment aux normes religieuses. Les libertins s'inspirent du vent de liberté qui a soufflé sur la société avec la Renaissance.

La réforme protestante du XVIe siècle a entraîné une contre-réforme catholique. Dans le but de rénover le catholicisme, saint Vincent de Paul (1581-1660) se fait l'apôtre de la charité chrétienne auprès des plus démunis, tandis que saint François de Sales (1567-1622) tente de promouvoir la dévotion chez les nobles et les bourgeois. De ce renouveau catholique naît le parti dévot, dont la société secrète, la Compagnie du Saint-Sacrement, lutte pour étendre la mainmise religieuse sur l'ensemble de la société.

Bien que le catholicisme soit la religion de la France, face à un roi jeune qui veut s'amuser, les libertins jouissent d'une certaine liberté. Mais à mesure que le roi vieillira, la rigueur catholique représentée par le parti dévot deviendra plus forte.

La littérature

En 1673, la littérature se plie aux règles du classicisme : imitation des Anciens, les Latins et les Grecs ; primauté de la raison, le « je » est haïssable ; respect des règles, comme celle des trois unités au théâtre. L'œuvre littéraire doit plaire et instruire tout en se conformant aux critères de vraisemblance (il faut peindre d'après nature) et de bienséance (il faut respecter la morale). L'écrivain classique n'est guère contestataire, au contraire, il veut être reconnu par le pouvoir, par le roi, être pensionné et nommé à l'Académie française, qu'a fondée Richelieu en 1635.

Le théâtre

En 1673, à Paris, quatre troupes principales se partagent trois salles. La **troupe royale de l'Hôtel de Bourgogne** reçoit une pension de 12 000 livres du roi. Elle s'est spécialisée dans la tragédie et prône une diction déclamatoire, dont Molière se moque, privilégiant chez ses comédiens une diction plus naturelle. La **troupe du roi au Marais** n'est pas subventionnée ;

elle privilégie les pièces à grand déploiement. La **troupe du roi au Palais-Royal**, dont Molière est le directeur, le metteur en scène et l'auteur attitré, tire sa renommée de la comédie. Molière reçoit 6 000 livres du roi. Il partage sa salle avec la **troupe des Italiens**, dirigée par Tiberio Fiorelli (1608-1694) et qui défend, en italien, les couleurs de la commedia dell'arte. La troupe de Molière joue les jours « ordinaires », soit les mardi, vendredi et dimanche, tandis que la troupe de Fiorelli occupe les jours « extraordinaires », soit les lundi, mercredi, jeudi et samedi. La troupe de Scaramouche, pseudonyme de Fiorelli, reçoit 16 000 livres du roi.

Des affiches placardées aux carrefours ou encore un comédien, qui se fait crieur public avant le début de la pièce, annoncent les prochains spectacles. Les représentations ont lieu dans l'après-midi avant la noirceur pour garantir la sécurité des spectateurs. La salle rectangulaire du Palais-Royal peut contenir 1 500 spectateurs, la plupart debout. Des loges et des galeries accueillent surtout des femmes. Sur la scène, en plus des comédiens, les nobles ont droit à une place assise. L'assistance est bruyante et les bagarres ne sont pas rares. Quant à l'intransigeance de l'Église envers les comédiens, elle a diminué, d'autant plus que le roi les reçoit, les pensionne et les apprécie.

MOLIÈRE

Molière choisit le métier de comédien

À la première du *Malade imaginaire*, le 10 février 1673, Molière, de son vrai nom Jean-Baptiste Poquelin, est célèbre. Il a 51 ans. Il est né en janvier 1622, dans une famille aisée. Son père, Jean Poquelin, tapissier de profession, a acheté en 1631 une charge de tapissier et valet de chambre ordinaire du roi[1]. Après ses études chez les jésuites (1636-1640), au collège

1 Il a la charge, avec d'autres tapissiers, de la confection et de l'entretien du mobilier et des accessoires de la maison du roi.

de Clermont (aujourd'hui lycée Louis-le-Grand), le futur Molière entreprend des études en droit. À la fonction sûre de tapissier du roi que pourrait lui léguer son père, il préfère les aléas du métier de comédien, bien que la profession soit encore mal vue à l'époque. En juin 1643, il fonde, avec Madeleine Béjart, l'Illustre-Théâtre, qui veut concurrencer les troupes établies de l'époque, l'Hôtel de Bourgogne et le Marais. Mais la troupe connaît des difficultés financières. Emprisonné quelques jours pour dettes, Molière quitte Paris en 1645, pour la province.

Molière part en tournée

Commence alors une tournée de treize années à travers la province française pendant lesquelles Molière apprend non seulement le métier de comédien, mais aussi celui de metteur en scène, de directeur de troupe et d'auteur. De simple comédien dans la troupe de Dufresne, protégée par le duc d'Épernon en 1646, il redevient directeur d'une troupe protégée par le prince de Conti en 1650. De cette époque datent ses premières comédies, dont *L'Étourdi* (1655) et *Le Dépit amoureux* (1656).

Molière revient à Paris

En octobre 1658, la troupe est de retour à Paris, sous la protection de Monsieur, frère du roi. Molière joue devant Louis XIV sa comédie *Le Docteur amoureux* et la tragédie *Nicomède* de Corneille. Il obtient du roi à cette occasion le Petit-Bourbon, salle que la troupe de Molière partage avec les comédiens italiens. Un an plus tard, en 1659, Molière connaît un premier succès avec sa pièce *Les Précieuses ridicules*, succès confirmé en 1662 avec *L'École des femmes*.

Molière lutte contre le parti dévot

Mais, parce qu'il s'en est pris, dans sa pièce *Tartuffe* (1664, première version), à l'hypocrisie religieuse, Molière est en

Molière et sa troupe.

Dessin par G. Melingue.

butte aux attaques du parti dévot. Malgré la protection de Louis XIV, qui le pensionne depuis 1662 et a fait de sa troupe, la troupe du roi en 1665, sa pièce *Dom Juan* est interdite et *Tartuffe* ne peut être montée qu'en février 1669. Pour arriver à ses fins, le parti dévot non seulement le taxe d'irréligion et de libertinage, mais colporte les pires calomnies sur son compte, laissant entre autres sous-entendre qu'Armande Béjart, que Molière a épousée en 1662, n'est pas la sœur de sa complice de toujours, Madeleine Béjart, mais sa fille, et que le père ne serait nul autre que Molière lui-même. À propos d'Armande Béjart, sa femme, de vingt ans plus jeune que lui, on répand la rumeur qu'elle a de multiples amants.

Molière devient célèbre

Malgré ces luttes, mais aussi à cause d'elles, Molière devient célèbre. À la cour, il est responsable des divertissements royaux et, à la ville, chaque nouvelle pièce est impatiemment attendue. Ses succès se multiplient, dont *Le Misanthrope* (1666), *Tartuffe* (1669, version finale), *Le Bourgeois gentilhomme* (1670), *Les Femmes savantes* (1672), *Le Malade imaginaire* (1673).

Le 17 février 1673, durant la quatrième représentation du *Malade imaginaire*, Molière est pris d'un violent malaise. Ramené chez lui, il meurt. Parce qu'il n'a pas renié sa vie de comédien devant un prêtre, aucun n'ayant voulu l'assister, il n'a, selon les règles ecclésiastiques de l'époque, pas le droit à une sépulture chrétienne. Après l'intervention du roi auprès de l'archevêque de Paris, Molière est enterré sans grande cérémonie le 21 février 1673 à 21 heures au cimetière Saint-Joseph.

Molière mourant.

D'après Wafflard, 1810.
Bibliothèque de la Comédie-Française, Paris.

LA MÉDECINE ET LES MÉDECINS AU TEMPS DE MOLIÈRE

En 1673, les **médecins** détiennent pouvoir et prestige. Monsieur Purgon parle même de «crime de lèse-Faculté» (ACTE III, SCÈNE 5, l. 2079), quand Argan, son patient, ose remettre à plus tard le lavement prescrit. Quant au barbier-chirurgien et à l'apothicaire, non diplômés, les médecins les méprisent. Le premier est en charge des dissections, toujours sur le corps de condamnés à mort. Le second, en plus de préparer les médicaments en tant que pharmacien, est infirmier, puisqu'il applique les traitements, tels les lavements. Monsieur Fleurant se rend donc chez Argan pour lui donner un clystère (ACTE III, SCÈNE 4).

Pour **pratiquer la médecine**, il faut détenir un doctorat d'une faculté parmi la vingtaine, d'inégale valeur et d'exigences diverses, qui existaient en France. Les deux plus connues sont celle de Paris, la conservatrice, et celle de Montpellier, plus progressiste. L'aspirant médecin doit être maître ès arts, preuve qu'il sait le latin et par conséquent qu'il est apte à entreprendre des études de médecine. À 25 ans, après deux années d'études, le futur médecin obtient son baccalauréat. Il est alors reçu dans le corps médical, sans droit de pratique. Après deux autres années, il obtient ses licences et, une année plus tard, le doctorat. Des cérémonies officielles, que Molière ridiculise dans le troisième intermède, soulignent l'obtention du baccalauréat et du doctorat.

Les **cours**, donnés en latin, portent sur l'anatomie, la physiologie, l'hygiène, la diététique, la pathologie, la thérapeutique et la botanique. L'enseignement y est purement théorique; l'expérimentation est absente, même pour les dissections. Sous la direction d'un professeur, un barbier-chirurgien opère pendant qu'un élève, choisi par ses collègues et appelé «archidiacre des écoles», récapitule la leçon en latin. Si Thomas Diafoirus convie «galamment»

L'habit d'apothicaire.

GRAVURE DU XVIIe SIÈCLE DE NICOLAS LARMESSIN.
Bibliothèque nationale de France.

Angélique à assister à la dissection d'une femme (ACTE II, SCÈNE 5, l. 1256-1258), c'est qu'il a été élu, pour cette occasion, « archidiacre des écoles ».

Le **parcours du futur médecin**, long et onéreux, est parsemé de plusieurs épreuves, qui prennent la forme de disputes, des examens oraux sous forme de discussions entre examinateurs et examiné, auxquelles participent les autres élèves, et d'actes, c'est-à-dire des soutenances de thèse. Thomas Diafoirus, selon son père, s'y est bâti toute une réputation (ACTE II, SCÈNE 5, l. 1231-1240). De quatre pages et en latin, les thèses touchent les sujets les plus divers : « Les Parisiens sont-ils sujets à la toux quand souffle le vent du nord », « Faut-il tenir compte des phases de la lune pour la coupe des cheveux ? », « L'amour est-il bon pour la santé ? ». Thomas Diafoirus est si fier de la sienne qu'il l'offre en hommage à Angélique (ACTE II, SCÈNE 5, l. 1247-1251).

La **médecine du XVIIe siècle** est encore très attachée aux préceptes des médecins grecs Hippocrate (V^e-IVe s. av. J.-C.) et Galien (v. 131-v. 201). La physiologie galénique repose sur les humeurs et les tempéraments. La maladie est causée par une « intempérie », un déséquilibre des liquides du corps, c'est-à-dire les humeurs : le sang, la lymphe, la bile et l'atrabile. Pour en rétablir l'équilibre, le médecin prescrit ou lavements et purgations, ou saignées. Quant aux tempéraments, ce sont les états d'équilibre des humeurs. Tout individu a une humeur dominante qui définit son tempérament : sanguin (sang), flegmatique (lymphe), colérique (bile), mélancolique (atrabile). De tempérament colérique, Argan interroge donc Toinette pour savoir s'il a « bien fait de la bile » (ACTE I, SCÈNE 2, l. 264).

Pour **établir un diagnostic**, le médecin recherche les symptômes de la maladie. Pour ce faire, il prend le pouls, examine le sang et les sécrétions (urine et selle), s'intéresse

La Belle, saignée.

Gravure de N. Arnoult (fin XVIIe siècle).
Bibliothèque des Arts décoratifs, Paris.

à la qualité du sommeil et de l'appétit. Mais ses connaissances ne lui permettent guère de les interpréter. Claude Gellé, dans son manuel de médecine, *Anatomie française en forme d'abrégé*, publié en 1630, explique ainsi le pouls : « La cause efficiente du pouls est fort controversée. Pour ne point employer inutilement le temps, nous dirons en peu de mots que le pouls vient de la qualité pulsifique, la faculté pulsive de la faculté vitale, et la faculté vitale de la présence de l'âme ». Selon le docteur Hecquet (1661-1737), le « sang n'est point si nécessaire à la conservation de la vie, on ne saurait trop saigner un malade »[1].

Le **traitement**, lui, se résume à la saignée, à la purgation et au clystère (lavement). On saigne beaucoup. La saignée, « hardiment et heureusement réitéré[e] au commencement des maladies, est un des principaux mystères de notre métier », affirme Gui Patin (1601-1672), célèbre médecin. Il saigne douze fois sa femme pour une fluxion de poitrine, vingt fois son fils pour une fièvre continue. Il se vante même de saigner des personnes de 80 ans et des enfants de deux ou trois mois. Le premier enfant de Molière meurt à trois mois après avoir été saigné. On purge aussi beaucoup. Selon le *Journal de la santé du Roi*, tenu par les médecins Vallot, Daquin et Fagon, Louis XIV a été purgé près de 2 000 fois.

Les anciens, gardiens de l'**orthodoxie médicale**, rejettent les découvertes scientifiques. La querelle sur la circulation du sang à laquelle fait référence la pièce en fournit un bel exemple (ACTE II, SCÈNE 5, l. 1240-1246). La parution en 1628 du *Traité sur la circulation du sang* de William Harvey transforme les idées reçues en la matière. Mais les anciens traitent la théorie de baliverne. Ainsi, Gui Patin, chef de file des « anticirculateurs », affirme que la théorie de la circulation du sang est « paradoxale, inutile à la médecine, fausse, impossible, inintelligible, absurde, nuisible à la vie de

1 À l'époque, on croyait que le corps humain contenait 25 litres de sang et non 5.

l'homme[1] ». Les Diafoirus paraissent d'autant plus rétrogrades et ridicules qu'en 1673, la théorie de la circulation du sang est généralement admise, même par la très conservatrice Faculté de Paris.

LE MALADE IMAGINAIRE

Depuis 1664, date à laquelle le roi lui a demandé d'animer les *Plaisirs de l'Île enchantée*, une semaine de divertissements royaux, du 8 au 13 mai, Molière mène une double carrière : plaire à Louis XIV et à sa cour, et attirer un public nombreux dans son théâtre, c'est-à-dire depuis 1660 au Palais-Royal. Mais l'année 1672 marque un changement important. Louis XIV délaisse la comédie-ballet, ses goûts penchant plutôt vers l'opéra que promeut le compositeur Jean-Baptiste Lully (1632-1687). Ce dernier, qui, de 1661 à 1671, des *Fâcheux* à *Psyché*, a composé, en tout ou en partie, la musique des comédies-ballets de Molière, est devenu un rival. Il a obtenu de tels privilèges qu'il devient très difficile pour les troupes de théâtre de présenter des spectacles avec musique et danse.

À la fin de 1672, malgré un certain vent de défaveur qui souffle sur lui, Molière compose *Le Malade imaginaire*, une nouvelle comédie-ballet, qu'il destine, comme le confirme le prologue (l. 4-7), aux divertissements royaux qui doivent souligner la victoire de Louis XIV sur les Hollandais. Il demande à Marc Antoine Charpentier (1636-1704) d'en écrire la musique, lui qui a déjà composé celle de *La Comtesse d'Escarbagnas*. Mais le roi ne fait pas appel à Molière. *Le Malade imaginaire* n'est donc pas présenté à Versailles mais uniquement au Palais-Royal, que Molière a fait rénover en 1671 pour permettre la présentation de *Psyché*, une autre comédie-ballet, qui, avec 82 représentations, a connu un énorme succès.

1 **P. Rousseau, Histoire des sciences, p. 183.**

Présenté pour la première fois le 10 février 1673, *Le Malade imaginaire* remporte un énorme succès, comme le confirment les recettes des quatre premières représentations, qui atteignent des sommes considérables pour l'époque, respectivement 1992, 1459, 1879 et 1219 livres. Deux raisons expliquent ce succès. Pour l'une, la pièce flatte le goût du public d'alors qui apprécie les comédies-ballets. Le genre, inventé par Molière en 1661 avec *Les Fâcheux*, consiste à insérer des intermèdes musicaux et chorégraphiques au cours de la comédie. Pour l'autre, Molière exploite une veine qu'il connaît bien et qui l'a toujours bien servi, la satire de la médecine et des médecins.

Mais, lors de la quatrième représentation, Molière, qui joue le rôle d'Argan, le malade imaginaire, est pris d'un violent malaise lors d'un des *Juro* du troisième intermède. Après avoir difficilement terminé la pièce, il est transporté chez lui. Il meurt quelques heures plus tard.

LES SOURCES

Pour *Le Malade imaginaire*, Molière ne s'est pas inspiré d'un auteur latin ou grec comme pour *L'Avare*, qui tire son origine de *La Marmite* de Plaute. Molière s'est simplement imité lui-même. D'une part, il reprend un thème, la médecine et les médecins, très présent dans son œuvre : *Le Médecin volant* (1659), *L'Amour médecin* (1665), *Le Médecin malgré lui* (1666) et *Monsieur de Pourceaugnac* (1669). Même *Dom Juan* (1665) y fait référence, entre autres, quand Sganarelle, devant le peu de considération de Don Juan envers la médecine et les médecins, accuse le héros d'être «aussi impie en médecine» (ACTE III, SCÈNE 1). D'autre part, Molière reprend certaines séquences de pièces antérieures. Ainsi, la querelle entre Toinette et Argan à propos du mariage d'Angélique (ACTE I, SCÈNE 5) est presque mot pour mot celle entre Scapin et Argante des *Fourberies de Scapin* (ACTE I, SCÈNE 4).

1673

Dimanche 29 Janvier Maris Infidelles 599# 10s
part — 33#
Mardy 31me Maris Infidelles 179# 10s
part — 5# 5s
Vendredy 3 feurier Trissotin 298#
part — 11#
Mardy 7me Repetition — Dimanche 5 Idem 388#
part — 18# 10s
Piece nouvelle et derniere de Mr. de Moliere — Vendredy 10me 1re Representation du malade Imaginaire 1992#
part — 71# 14s
Dimanche 12 Malade Imagre 1459#
part — 55#
Mardy 14me mal. Imag. 1879# 10s
part — 80#
Du Vendredy 17 1219#
part — 39#

Ce mesme jour apres la Comedie sur les 10 heures du soir Monsieur de Moliere mourust dans sa maison Rue de Richelieu, ayant joué le roolle dud. malade Imaginaire fort Incommodé d'un Rhume et fluction sur la poitrine qui luy causoit une grande toux de sorte que dans les grans Efforts qu'il fist pour cracher il se rompit une veyne dans le corps et ne vescut pas demye heure ou trois quarts d'heure depuis lad. veyne rompue et son corps est enterré a St Joseph ayde de la parroisse St Eustache. Il y a une tombe Eslevée d'un pied hors de terre.

Dans le desordre ou la troupe se trouva apres cette perte Irreparable le Roy eust dessein de joindre les acteurs qui la composoient aux Comediens de l'hostel de Bourgogne —

La page du Registre de La Grange
relatant la mort de Molière,
le 17 février 1673.

« Ce même jour, après la comédie, sur les 10 heures du soir, Monsieur de Molière mourut dans sa maison, rue de Richelieu, ayant joué le rôle du Malade imaginaire, fort incommodé d'un rhume et fluxion sur la poitrine qui lui causait une grande toux de sorte que, dans les grands efforts qu'il fit pour cracher, il se rompit une veine dans le corps et ne vécut pas une demi-heure ou trois quarts d'heure depuis la dite veine rompue. Son corps est enterré à St-Joseph, aide de la paroisse St-Eustache. Il y a une tombe élevée d'un pied hors de terre. »

Comme l'usage du temps le permettait, certaines scènes s'inspirent d'auteurs de l'époque. Ainsi, la séquence des «croquignoles» du premier intermède est tirée de la pièce *Boniface et le Pédant* de Giordano Bruno, traduite et jouée en 1633, ou encore la ruse de Cléante pour accéder et parler à sa dulcinée est reprise de la comédie de Thomas Corneille, *Dom Bertrand de Cigarral*.

Quant à l'idée première du *Malade imaginaire*, Molière l'a possiblement trouvée à la lecture d'un pamphlet en forme de comédie, *Élomire hypocondre ou les Médecins vengés*, publié en 1670 et dans lequel Le Boulanger de Chalussay l'attaque violemment, Élomire étant l'anagramme de Molière. Dans l'introduction, l'auteur ironise sur le fait qu'Élomire (Molière) s'est décidé à écrire une comédie sur lui-même :

> [I]l s'est enfin résolu de faire le sien [son portrait], et de l'exposer en public, ne doutant point qu'un tel chef-d'œuvre ne dût charmer toute la terre. Il a donc fait son portrait, cet illustre peintre, et il a même promis plus d'une fois de l'exposer en vue, et sur le même théâtre où il avait exposé les autres; car il y a longtemps qu'il a dit en particulier et en public, qu'il s'allait jouer lui-même, et que ce serait là que l'on verrait un coup de maître de sa façon. J'attendais avec impatience et comme les autres curieux un spectacle si extraordinaire et si souhaité, lorsque j'ai appris que pour des raisons qui ne me sont pas connues, mais que je pourrais deviner, ce fameux peintre a passé l'éponge sur ce tableau; qu'il en a effacé tous les admirables traits; et qu'on n'attend plus la vue de ce portrait plus qu'inutilement. J'avoue que cette nouvelle m'a surpris et qu'elle m'a été sensible; car je m'étais formé une si agréable idée de ce portrait fait d'après nature, et par un si grand ouvrier, que j'en espérais beaucoup de plaisir : mais enfin j'ai fait comme les autres, je me suis consolé d'une si grande perte, et afin de le faire plus aisément, j'ai ramassé toutes ces idées, dont j'avais formé ce portrait dans mon imagination, et j'en ai fait celui que je

ELOMIRE,
c'est à dire,
MOLIERE, HYPOCONDRE,
OV
LES MEDECINS
VENGEZ.
COMEDIE.

ACTE PREMIER,
SCENE PREMIERE.

La Scene de cet Acte est dans la Chambre d'Elomire, qui doit estre fort parée.

ELOMIRE, ISABELLE, LAZARILE.

ELOMIRE.

TOY qui depuis l'Hymen qui nous unit tous deux
N'eus que d'heureuses nuits, & que des iours heureux ;
Toy qui fus mon plaisir, toy dont je fus la ioye,
Apprens le dur revers que le Ciel nous envoye :
Et pour me soulager en de si grands travaux,
Compagne de mes biens, viens l'estre de mes (maux,

ISABELLE.

Quel mal avez-vous donc ?

Scaramouche : Tiberio Fiorelli ; Élomire : Molière.
Élomire hypocondre ou les Médecins vengés.
Gravure de L. Wyen et page de titre de l'édition de 1670.

donne au public. Si Élomire le trouve trop au-dessous de celui qu'il avait fait, et qu'une telle copie défigure par trop un si grand original, il lui sera facile de tirer raison de ma témérité, puisqu'il n'aura qu'à refaire ce portrait effacé, et à le mettre au jour.

La pièce présente ensuite un Molière hypocondriaque et colérique, mauvais comédien, et laisse, entre autres, entendre qu'il a épousé sa propre fille. À la fin, Élomire promet de ne plus rien écrire «de sale et d'impie» et «qui choque les mœurs».

Molière tente sans succès d'interdire la publication du pamphlet. *Le Malade imaginaire* lui a en somme permis de répliquer. Il y attaque durement la médecine et les médecins de son temps et y peint, non pas son portrait, mais celui, toujours actuel, de l'hypocondriaque.

LES ÉLÉMENTS CONSTITUTIFS : ACTION, TEMPS, LIEU, PERSONNAGES ET THÈMES

L'intrigue, l'action

Dans *Le Malade imaginaire*, l'intrigue, dont l'originalité est fort limitée, tient du lieu commun de la comédie : un père, en l'occurrence Argan, s'oppose au mariage de sa fille, Angélique, avec le jeune homme qu'elle aime, Cléante. Il lui préfère Thomas Diafoirus, un gendre médecin, à ses yeux nettement plus convenable. Tout tourne autour du mariage d'Angélique, devant qui s'ouvrent trois possibilités : épouser Cléante, qu'elle aime, se marier avec Thomas Diafoirus, l'idéal du père, ou encore entrer au couvent, option que défend sa belle-mère Béline, qui cherche à accaparer la fortune de son époux. Les personnages se répartissent en fonction du choix qu'ils privilégient. Angélique, Cléante, Toinette, la servante, et Béralde, le frère du malade imaginaire, optent pour l'amour. Argan et les professionnels de la médecine, soit Monsieur Diafoirus, Thomas Diafoirus et Monsieur

Purgon, tous médecins, ainsi que Monsieur Fleurant, l'apothicaire, souhaitent un mariage plus «médical». Enfin Béline, la deuxième femme d'Argan, et son notaire, Monsieur Bonnefoy, choisissent le couvent avec l'appui inconscient de Louison, la jeune sœur d'Angélique. Chaque choix est associé à un thème particulier, respectivement l'amour, la médecine et l'argent (voir ci-dessous *Diagramme de l'intrigue* et *Tableau de l'action*).

DIAGRAMME DE L'INTRIGUE

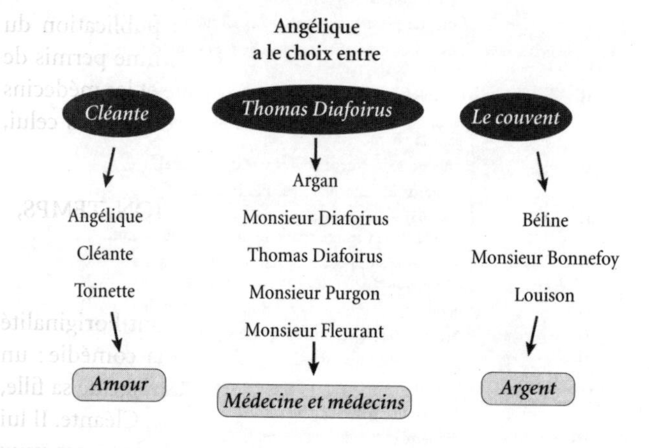

TABLEAU DE L'ACTION

Acte	Scène	Action	Médecine et médecins
PROLOGUE		Les personnages louangent Louis XIV.	
I	1	Argan vérifie le compte mensuel de son apothicaire.	x
I	2	Argan et Toinette se querellent.	x
I	3	Argan sort pour aller aux toilettes.	x
I	4	Toinette et Angélique s'entretiennent à propos de Cléante.	
I	5	Argan annonce qu'il marie sa fille Angélique à Thomas Diafoirus.	x
I	6	Béline s'occupe du confort d'Argan.	x
I	7	Argan prépare un testament favorable à Béline.	
I	8	Toinette promet son aide à Angélique.	
PREMIER INTERMÈDE		Les violons et le Guet empêchent Polichinelle d'offrir la sérénade.	
II	1	Cléante se présente en ami du maître de musique.	
II	2	Argan décide que Cléante donnera sa leçon dans la chambre.	x
II	3	Angélique est surprise à la vue de Cléante.	
II	4	Toinette annonce l'arrivée des Diafoirus.	x
II	5	Les Diafoirus se présentent. Angélique et Cléante chantent un opéra impromptu.	x
II	6	Angélique s'oppose à Thomas Diafoirus, puis à Béline. Les Diafoirus auscultent Argan.	x
II	7	Béline avertit Argan qu'Angélique reçoit un homme.	
II	8	Argan interroge Louison à ce propos.	
II	9	Béralde offre un divertissement à son frère Argan.	x
SECOND INTERMÈDE		La troupe des Égyptiens danse et chante l'amour.	
III	1	Argan sort pour aller aux toilettes.	x
III	2	Toinette et Béralde planifient la défense d'Angélique.	
III	3	Béralde tente de convaincre Argan de marier Angélique à Cléante.	x
III	4	Béralde empêche Monsieur Fleurant de soigner Argan.	x
III	5	Monsieur Purgon rompt avec Argan.	x
III	6	Argan est désespéré.	x
III	7	Toinette annonce l'arrivée d'un nouveau médecin.	x
III	8	Toinette, déguisée en médecin, entre et sort.	x
III	9	Toinette entre et sort.	x
III	10	Toinette, déguisée en médecin, ausculte Argan.	x
III	11	Argan accepte de faire le mort.	
III	12	Argan découvre l'hypocrisie de Béline.	
III	13	Argan découvre l'affection de sa fille.	
III	14	Argan accepte qu'Angélique épouse Cléante.	x
TROISIÈME INTERMÈDE		Argan est reçu médecin.	x

Mais l'unicité de l'intrigue n'entraîne pas l'unité d'action. Tout ce qui se passe sur scène n'est pas relié à l'intrigue, loin de là. D'une part, le prologue, qui est un «essai de louanges» à Louis XIV, n'a guère de lien avec *Le Malade imaginaire*, si ce n'est le thème de l'amour. Les intermèdes, à l'exclusion du dernier, sont superficiellement rattachés à l'action. Le premier montre Polichinelle désireux de donner la sérénade à son amoureuse, Toinette. Le seul lien avec l'action vient de ce qu'à la fin de l'ACTE I, Toinette avertit Angélique que «demain, de grand matin», elle enverra chercher «le vieil usurier Polichinelle» pour qu'il aille prévenir Cléante de ce qui se trame contre son amour. Le second intermède est un divertissement que propose Béralde à Argan. Des bohémiens, déguisés en Maures, chantent et dansent. Quant au troisième, il parodie la cérémonie de réception d'un médecin. Ce prologue et ces intermèdes sont si disjoints qu'en règle générale, ils ne sont pas joués à l'exception du dernier, la cérémonie d'entrée dans la «docte Faculté».

Un autre élément qui affaiblit l'unité d'action est que certaines scènes ou parties de scène n'ont guère de rapport direct avec l'intrigue. Par exemple, le monologue du début, où Argan fait ses comptes (ACTE I, SCÈNE 1), ou encore la consultation donnée par les Diafoirus (ACTE II, SCÈNE 6, l. 1552-1585) ne font pas avancer l'action. Elles servent, avant tout, à tracer le portrait du malade imaginaire et de la médecine au XVIIe siècle.

> L'unité d'action, pièce cardinale de la doctrine classique, est traitée par Molière avec une désinvolture préclassique. Bien des scènes de ses pièces sont inutiles à l'intrigue, mais toutes servent à peindre la personnalité du héros. Il y a unité d'intérêt plutôt qu'unité d'action proprement dite[1].

[1] Colette et Jacques Scherer, «Le métier d'auteur dramatique», *Le Théâtre en France*, TOME I, 1988.

Parmi les règles propres au théâtre classique, l'unité d'action est celle avec laquelle Molière prend, en effet, le plus de liberté. En fait, entre faire rire et respecter l'unité d'action, il n'hésite pas et privilégie le comique. L'unité de la pièce n'est donc pas dans l'action à proprement parler, mais bien plutôt dans le personnage d'Argan, quand ce n'est dans le remarquable — aux dires des contemporains — talent d'acteur de Molière, qui joue avec brio un rôle d'hypocondriaque, son dernier rôle.

Le temps, le lieu

Pour le temps et le lieu, Molière déroge aussi à la règle. L'unité de temps commande que le temps de l'action se rapproche de celui de la représentation et qu'il ne dépasse pas une journée. La pièce commence le soir, puisque Toinette envoie un dernier oreiller à Argan en lui disant qu'il pourra se «garder du serein» (ACTE I, SCÈNE 6, l. 629), de l'humidité du soir. Elle précise même à Angélique qu'elle demandera à Polichinelle d'avertir Cléante, «demain, de grand matin», puisqu' «aujourd'hui il est trop tard» (ACTE I, SCÈNE 8, l. 768-769). Dans le premier intermède, Polichinelle tente, le même soir, de donner la sérénade à sa belle. L'action reprend le lendemain, à un moment quelconque de la journée, puis s'étale sur quelques heures. Le temps de l'action s'avère plus long que celui de la représentation, puisque l'action chevauche deux jours, alors que la représentation avoisine les trois heures trente. Les bougies, qui éclairaient la scène et qui étaient remplacées entre chaque acte et intermède, duraient en effet au maximum 35 minutes.

Quant à l'unité de lieu, qui demande que le lieu de l'action soit unique, Molière ne s'y conforme que partiellement. Presque toute la pièce se passe dans la chambre d'Argan. Mais le prologue se déroule dans un «lieu champêtre» et le premier intermède, en «ville». En situant presque toute l'action dans une pièce d'une maison bourgeoise à Paris,

Représentation du *Malade imaginaire* en 1674 (un an après la mort de Molière) dans les jardins de Versailles. Au centre sur scène, Argan dans son fauteuil; parmi le public au premier plan, Louis XIV vu de dos.

Détail d'une gravure de Jean Lepautre (1676). Bibliothèque nationale de France.

Molière rend la satire plus féroce. Pour les spectateurs parisiens de l'époque, c'est de leur médecine et de leurs médecins que l'auteur du *Malade imaginaire* «se joue».

Les personnages

Argan

Présent dans 27 scènes sur 31, Argan, le malade imaginaire, constitue le pivot de la pièce. Ses quatre absences permettent à ceux qui appuient le mariage d'Angélique et de Cléante de se concerter : Toinette et Angélique aux SCÈNES 4 et 8 de l'ACTE I, Toinette et Cléante à la SCÈNE 1 de l'ACTE II, et finalement Toinette et Béralde à la SCÈNE 2 de l'ACTE III. En la personne d'Argan se résument tous les symptômes de l'hypocondrie. Sa maladie prime sur tout. Il respecte scrupuleusement les ordonnances médicales, ne manquant aucun lavement, absorbant toutes les potions laxatives prescrites. Il va innocemment jusqu'à se demander si c'est «en long ou en large» (ACTE II, SCÈNE 2, l. 1013-1015) qu'il doit effectuer la marche de santé que lui a ordonnée Monsieur Purgon. Aux médecins, dont les nombreuses prescriptions rythment sa vie, il attribue un tel pouvoir qu'il croit, comme le lui prophétise le sien, qu'avant quatre jours, il sera «dans un état incurable» (ACTE III, SCÈNE 5, l. 2120). Toutes ses décisions sont marquées du sceau de l'hypocondrie. S'il s'est remarié, c'est que Béline s'est montrée pour lui une infirmière attentionnée. S'il choisit comme mari pour sa fille un médecin, c'est «afin de [s]'appuyer de bons secours contre [s]a maladie, d'avoir dans [s]a famille les sources des remèdes qui [lui] sont nécessaires, et d'être à même des consultations et des ordonnances» (ACTE I, SCÈNE 5, l. 440-443). En somme, l'hypocondriaque se fait égoïste.

Dans son entourage, certains ignorent la souffrance que lui cause sa maladie. De là, ses sautes d'humeur devant l'ironie de Toinette (ACTE I, SCÈNE 5) ou face à Béralde qui

Argan et Monsieur Purgon.

Caricature de Grandville (1803-1847)
pour *Le Malade imaginaire*.
Musée Carnavalet.

nie sa maladie (ACTE III, SCÈNE 3). Mais d'autres, pour des raisons d'intérêt, le reconnaissent malade. D'une part, les professionnels de la médecine, Monsieur Purgon et Monsieur Fleurant, auxquels s'ajoutent les Diafoirus, « s'égayent bien sur [son] corps », car Argan représente, pour eux, « une bonne vache à lait » (ACTE I, SCÈNE 2, l. 271-272). D'autre part, Béline feint de s'y intéresser parce qu'elle y voit sa fortune prochaine. Dans sa naïveté, l'hypocondriaque se laisse prendre à leurs intérêts respectifs.

Une certaine avarice et l'amour qu'il porte à ses enfants viennent tempérer légèrement son hypocondrie. Dans le monologue d'ouverture, il examine avec soin la facture de son apothicaire et en redresse les coûts à son avantage. Ressort ici la qualité qui en a fait un riche bourgeois. Quant à l'amour paternel d'Argan, il apparaît parfois. Par exemple, il se montre particulièrement affectueux avec sa petite fille Louison (ACTE II, SCÈNE 8) et reconnaît l'affection d'Angélique devant le désespoir de cette dernière quand elle le croit mort (ACTE III, SCÈNE 13).

Diafoirus père, Thomas Diafoirus, Monsieur Purgon et Monsieur Fleurant

À Argan se greffent les professionnels de la médecine. Monsieur Purgon, que Béralde décrit comme « un homme tout médecin, depuis la tête jusqu'aux pieds » (ACTE III, SCÈNE 3, l. 1922-1923), est le médecin traitant d'Argan. Bien qu'il soit absent de la pièce, à l'exclusion d'une scène, son ombre plane au-dessus du malade imaginaire dont il régit la vie par ses diverses ordonnances. Son conservatisme lui fait refuser tous les progrès de la médecine. Très imbu de son statut de médecin, il agit, pour paraphraser Béralde, avec de forts préjugés, une suffisance, un manque d'intelligence et de bon sens, et prescrit à tort et à travers des purgations et des saignées (ACTE III, SCÈNE 3, l. 1927-1929). Sa seule apparition sur scène vise à rompre tout lien avec Argan, qui a osé retarder un lavement (ACTE III, SCÈNE 5). Monsieur Fleurant, l'apothicaire, ne jouit pas du même statut social. Méprisé, il s'insurge pourtant contre Béralde, responsable du rejet du «clystère» de Monsieur Purgon (ACTE III, SCÈNE 4), un peu comme si cette indignation l'élevait au rang de médecin.

Quant aux Diafoirus, ils reflètent l'image même des médecins rétrogrades et bornés du XVIIe siècle. Pour le benêt de Thomas Diafoirus, épouser Angélique, jeune fille à la fois riche et belle, est inespéré. Son père l'a donc particulièrement préparé à faire bonne impression. Il a mémorisé des compliments qui lui semblent de la plus haute galanterie. Mal dégrossi, il cherche appui et conseil auprès de son père (ACTE II, SCÈNE 5). Pourtant, à la vue de sa promise, l'imbécile se dégourdit et sent monter en lui le désir de la posséder. S'il est prêt alors à se montrer «honnête homme», c'est à l'unique condition qu'Angélique, sa proie, ne lui soit pas ravie (ACTE II, SCÈNE 6).

Béline, Monsieur Bonnefoy et Louison

Le deuxième pôle de l'intrigue est symbolisé par le personnage de Béline. La seconde femme d'Argan souhaite que sa belle-fille, Angélique, entre au couvent. Ce désir s'explique par son ambition : s'approprier l'héritage de son mari. Tout chez elle respire l'intérêt. Pour mieux berner Argan, elle joue les épouses attentionnées et affectueuses. Jamais elle ne bifurque de son objectif. Bien qu'elle feigne de ne pas être intéressée par l'héritage, elle a amené son notaire pour que les papiers soient signés le plus rapidement possible (ACTE I, SCÈNE 7). Quand elle quitte Angélique, qui l'a partiellement dénoncée (ACTE II, SCÈNE 6), c'est pour courir chez son notaire finaliser l'entente. Quand elle dénonce à son tour sa belle-fille (ACTE II, SCÈNE 7), le but reste le même : l'envoyer au couvent et gagner un héritage. Lorsqu'elle découvre Argan, inerte, l'euphorie de la victoire lui fait oublier toute précaution. Elle se laisse aller à avouer toute l'horreur que ce vieil époux lui inspire (ACTE III, SCÈNE 12). Dans cette tentative de frustrer les enfants d'Argan de leur part, la jeune femme est aidée par le véreux Monsieur Bonnefoy, qui semble être pour elle plus qu'un simple notaire. Louison aussi fait partie du pôle du couvent, mais sa participation demeure involontaire. À cause de Béline et aussi du rôle d'espionne que son père lui a attribué, elle est amenée à dénoncer sa sœur. Elle ne le fait que sous la menace d'être punie.

Angélique, Cléante, Toinette et Béralde

Face au malade imaginaire et à la gent médicale, d'une part, et Béline et Monsieur Bonnefoy, d'autre part, se retrouvent le couple des jeunes gens, Angélique et Cléante, associés à l'amour, et le couple formé par Toinette, la servante, et Béralde, le frère du malade imaginaire, les représentants du bon sens.

De toutes les jeunes premières de Molière, Angélique est sensiblement l'une des plus intrépides. De simplement amoureuse au début de la pièce lorsqu'elle ressasse pour la énième fois son amour envers Cléante (ACTE I, SCÈNE 4), elle défend pas à pas son droit au bonheur, après être restée interdite à l'annonce des préférences paternelles (ACTE I, SCÈNE 5). Devant son père et son prétendant officiel, elle avoue son amour à Cléante par opéra impromptu interposé (ACTE II, SCÈNE 5) ; elle refuse de donner la main, en signe d'acceptation, comme le lui demande son père, accuse Thomas Diafoirus d'user de violence pour la posséder, et dit son fait à Béline, sa belle-mère (ACTE II, SCÈNE 6). Dans cette lutte pour sauver son amour, elle reçoit l'appui de Cléante, son amoureux. Sa noblesse transparaît dans ses actions. Il ne craint pas de risquer pour être auprès de sa dulcinée. Grâce à son stratagème, il s'insinue dans la demeure de sa bien-aimée et, à l'insu du père, mais en sa présence, déclare son amour (ACTE II, SCÈNE 5).

Les représentants du bon sens, Béralde et Toinette, diffèrent l'un de l'autre. Le premier manque de doigté. Lorsqu'il discute avec son frère, il ne cesse de le heurter en abordant des sujets où la mésentente est inévitable : la maladie du malade imaginaire, Béline, la médecine et les médecins, les pièces de Molière (ACTE III, SCÈNE 3). Heureusement, Toinette lui vient en aide. Servante de Béline, elle préfère aider Angélique plutôt que sa maîtresse (ACTE I, SCÈNE 8). Grâce à elle, les jeunes amoureux sortent victorieux. D'une part, elle réussit à tourner l'hypocondrie d'Argan à son avantage et, sous les traits d'un médecin, elle lui prescrit un traitement santé (ACTE III, SCÈNE 10). D'autre part, par ruse, elle amène Argan à contrefaire le mort et, par conséquent, à découvrir la fausseté de Béline (ACTE III, SCÈNE 12).

Les thèmes

La médecine

Le thème de la médecine et des médecins est très présent dans *le Malade imaginaire*, dans 20 scènes sur 31, en plus du troisième intermède (voir *Tableau de l'action,* p. 176). En plus d'en tracer un portrait satirique, Molière, par l'entremise de Béralde, le frère du malade imaginaire, expose son opinion sur le sujet.

Molière s'attaque tout particulièrement à l'ignorance des médecins de son temps qu'avait stigmatisée Blaise Pascal (1623-1662) : « [...] si les médecins n'avaient des soutanes et des mules, et que leurs docteurs n'eussent des bonnets carrés et des robes trop amples de quatre parties, jamais ils n'auraient dupé le monde qui ne peut résister à cette montre si authentique [...]. Si les médecins avaient le vrai art de guérir, ils n'auraient que faire de bonnets carrés[1] ». Sous leurs costumes, ils camouflent une ignorance, proportionnelle à leur suffisance et à leur pédantisme, dont l'utilisation

1 *Pensées*, II, 82.

du latin n'est pas la moindre des manifestations. S'ils sont ignorants, c'est avant tout à cause de leur formation, inadéquate et ridicule, comme l'illustre bien involontairement Thomas Diafoirus. Leur respect outrancier des anciens leur fait rejeter sans discernement toute nouveauté scientifique, comme l'incontournable théorie de la circulation du sang. Leur obsession des règles l'emporte sur la santé de leurs patients. Chaque médecin a son diagnostic et son traitement de prédilection qu'il applique sans discernement, d'où des diagnostics et traitements différents pour un même patient dans *Le Malade imaginaire.* Incapables de soigner, les médecins n'en souhaitent pas moins «honneur et argent» (l. 2572), comme le souligne le Président à ses confrères.

En ce qui a trait à son opinion sur la médecine, Molière s'est inspiré de Michel de Montaigne (1533-1592) : «Je réponds à ceux qui me pressent de prendre médecine, qu'ils attendent au moins que je sois rendu à mes forces et à ma santé, pour avoir plus de moyen de soutenir l'effort et le hasard de leur breuvage[1]». Béralde lui prête les mêmes propos : «Il [Molière] a ses raisons pour n'en [des remèdes] point vouloir, et il soutient que cela n'est permis qu'aux gens vigoureux et robustes, et qui ont des forces de reste pour porter les remèdes avec la maladie ; mais que, pour lui, il n'a justement de la force que pour porter son mal» (ACTE III, SCÈNE 3, l. 2007-2011). Le remède ne se trouve pas dans la médecine, mais dans la nature elle-même, la grande guérisseuse : «La nature, d'elle-même, quand nous la laissons faire, se tire doucement du désordre où elle est tombée. C'est notre inquiétude, c'est notre impatience qui gâte tout» (ACTE III, SCÈNE 3, l. 1940-1943). Voilà pourquoi, selon Béralde, le spectacle du second intermède «vaudra bien une ordonnance de Monsieur Purgon» (ACTE II, SCÈNE 9, l. 1722-1723).

1 *Essais*, LIVRE II, CH. XXXVII.

Le lavement par un chirurgien de Bruges, en 1679.

Musée de Bruges.

L'amour

L'amour de jeunes gens, contrariés par l'autorité des pères, est un thème coutumier dans l'œuvre de Molière. Chaque fois, comme c'est le cas ici, le désir des amoureux triomphe de la volonté du père. En amour, Molière privilégie la liberté à l'autorité paternelle. Au mariage d'amour, que revendique Angélique, s'oppose le choix d'Argan. À l'époque, le père détient tous les droits sur son enfant. En toute légalité et impunité, Argan choisit donc son futur gendre et, devant le refus d'Angélique, décide d'enfermer sa fille dans un couvent.

Si, au XVIIe siècle, le mariage est une question monétaire, le désir des enfants y étant bien secondaire, il est avant tout, dans *Le Malade imaginaire*, une question médicale. Si Argan choisit pour sa fille Thomas Diafoirus, un futur médecin, c'est pour lui et, soutient-il, «une fille de bon naturel doit être ravie d'épouser ce qui est utile à la santé de son père» (ACTE I, SCÈNE 5, l. 456-458). Son hypocondrie lui fait accepter un mariage en deçà de sa condition de riche bourgeois. Grâce à sa richesse, Argan aurait normalement pu doter sa fille de façon à la marier à un noble. La dot, cette somme d'argent que fournit traditionnellement le père de la future mariée au futur époux, permet en effet de choisir un mari en fonction de son statut social. Toinette s'insurge : «Quoi ? monsieur, [...] Et avec tout le bien que vous avez, vous voudriez marier votre fille avec un médecin ?» (ACTE I, SCÈNE 5, l. 429-431). Argan cherche donc à justifier sa décision en faisant ressortir les avantages pécuniaires que représente Thomas Diafoirus : enfant unique, il va hériter de son père et de son oncle, Monsieur Purgon, qui n'a pas d'enfant (ACTE I, SCÈNE 5, l. 473-477).

Pour les jeunes filles, le mariage présente souvent la seule sortie de secours dans une société qui légalement les infantilise. Certaines se marient afin de se libérer de la tutelle de leurs parents, d'autres, telle Béline, dans l'objectif de s'enrichir avec l'héritage de leur mari défunt.

L'argent

Dans *Le Malade imaginaire*, l'argent est lié au mariage et à la médecine. Béline, la seconde femme d'Argan, ne s'est mariée, comme l'en accuse brutalement sa belle-fille, Angélique, « que pour gagner des douaires, que pour s'enrichir par la mort » de son mari. À ses yeux, le mariage est « un commerce de pur intérêt » (ACTE II, SCÈNE 6, l. 1515-1517). De là s'explique qu'elle mette beaucoup d'énergie à tromper Argan sous des allures d'épouse affectueusement attentionnée, et à faire placer sa belle-fille dans un couvent. Dans un cas comme dans l'autre, elle cherche à s'approprier l'argent d'Argan.

L'argent est aussi associé à la médecine, qui coûte cher. La facture qu'épluche Argan représente une somme considérable pour l'époque. Monsieur Purgon a ramassé un capital de 160 000 livres (600 000 € ou 800 000 $) grâce à la médecine.

Le masque et le théâtre dans le théâtre

Dans *Le Malade imaginaire*, le théâtre dans le théâtre est bien présent. Les second et troisième intermèdes, ainsi que l'opéra impromptu (ACTE II, SCÈNE 5), par exemple, sont de réelles représentations à l'intérieur de la pièce. Le temps de l'opéra impromptu, Angélique et Cléante, personnages de la pièce, deviennent comédiens et jouent devant un public formé des autres personnages présents, Monsieur Diafoirus, Thomas Diafoirus, Argan et Toinette. Dans le second intermède, des comédiens, une troupe de bohémiens, présentent un spectacle de chansons et de danses à Argan et Béralde, personnages du *Malade imaginaire*. Pour le dernier intermède, des personnages de la pièce, en l'occurrence Cléante, Angélique, Argan, Toinette et Béralde, jouent dans le spectacle auquel participe la troupe de bohémiens, la cérémonie de réception d'un médecin.

Quant au masque, comme dans toutes les comédies de Molière, il est à la base du comique. Des trois camps dont les objectifs divergent, deux l'utilisent. Le camp de l'amour en use à partir du moment où il se rend compte que le choix d'Argan se pose sur Thomas Diafoirus. Cléante joue au maître de musique (ACTE II, SCÈNE 1). Il en profite, par l'intermédiaire de l'opéra impromptu (ACTE II, SCÈNE 5), pour interpréter avec Angélique son propre rôle. Toinette aussi, quand il s'agit d'aider les jeunes gens, porte le masque. Elle le met avec Béline et se montre servante dévouée et fidèle (ACTE I, SCÈNE 6). Pour dégoûter Argan de la médecine, elle joue au médecin. Elle le fait si bien qu'il n'y a guère de différence entre sa consultation et celle des Diafoirus.

Le deuxième camp, celui de Béline, le porte systématiquement. La jeune femme d'Argan dissimule son intérêt quasi incontrôlable pour l'argent sous le masque de l'épouse aimante et attentionnée (ACTE I, SCÈNE 7). Parfois, il se fissure et elle laisse transparaître son intérêt, par exemple, quand elle demande à combien s'élève l'argent caché dans le lambris de l'alcôve (ACTE I, SCÈNE 7, l. 736). Image de l'innocence enfantine, Louison, elle, n'arrive pas à garder un masque. Pourtant, elle essaie. Elle feint de ne rien savoir, elle contrefait la morte, mais dans les deux cas, elle ne trompe personne et certainement pas son père, dont le petit doigt sait tout. Elle est l'innocence par qui la vérité est dévoilée (ACTE II, SCÈNE 8).

Argan et la gent médicale, le troisième camp, sont les seuls à ne pas porter systématiquement le masque. La raison est simple : c'est par leur faute que les autres en ont un. Argan s'en sert justement lorsqu'il veut que les autres enlèvent le leur. Ainsi, il feint de croire que sa fille Louison est réellement morte, pour mieux lui soutirer des renseignements sur l'amoureux de son autre fille Angélique. Il fait le mort pour confondre son frère, mais c'est sa femme qui dévoile ses véritables sentiments. Il accepte à nouveau de porter le masque et il apprend l'amour filial de sa fille. Le comique naît de ce qu'au moins un personnage porte le masque. Dès que les deux personnages en présence le retirent, la pièce touche au romanesque, comme lorsque Toinette et Angélique discutent de Cléante (ACTE I, SCÈNE 4), ou au drame lorsque Angélique affronte tour à tour Thomas Diafoirus et Béline (ACTE II, SCÈNE 6). La pièce se termine quand chaque personnage se dépouille de son masque, retrouve sa véritable identité. Argan, lui, demeure identique, éternel comme son hypocondrie.

Le docteur-âne.

GRAVURE ALLÉGORIQUE À DOUBLE SENS DU XVIIe SIÈCLE.

Procédés de fabrication du comique[1]

«C'est une étrange entreprise que celle de faire rire les gens.»
Molière

Le comique demande un certain terreau pour naître. D'abord, seul l'**humain** fait rire. Dans *Le Malade imaginaire*, ce sont les personnages, leurs comportements, ce qui leur arrive qui font rire. Si un objet, par exemple le chapeau ou le costume d'un personnage, est drôle, c'est parce qu'un être humain les porte[2]. Ensuite, seule l'insensibilité permet que le rire éclate. Le spectateur rit d'Argan en autant que sa sensibilité ne s'attache pas aux conséquences dramatiques que l'hypocondrie a sur l'entourage du malade imaginaire. En fait, le comique s'adresse à l'intelligence seule[3]. Finalement, le rire éclate en société. Dans ce sens, une comédie s'avère d'autant plus drôle que des spectateurs se rassemblent pour la voir. En somme, le rire naît «quand des hommes réunis en groupe dirige[...]nt toute leur attention sur un d'entre eux, faisant taire leur sensibilité et exerçant leur seule intelligence».

Deux caractéristiques se retrouvent dans les comiques de forme, de geste, de situation, de mot et de caractère : une raideur et un automatisme, qui contrastent avec la vivacité et la diversité normales de la vie.

LE COMIQUE DE FORME

Selon Bergson, devient «comique toute difformité qu'une personne bien conformée arrive[...] à contrefaire».

1 Toutes les citations sont tirées du *Rire, essai de définition* d'Henri Bergson (Paris, Presses universitaires de France, 1972, coll. Bibliothèque de philosophie contemporaine, 157 p.).

2 Si le singe fait rire, c'est qu'il imite l'être humain ou que l'être humain l'imite.

3 Voilà pourquoi personne n'ose rire au salon funéraire de peur de passer pour sans cœur.

Toute raideur physique qui rompt avec la mobilité du corps humain est donc potentiellement drôle.

Le corps et le visage

Peut donc faire rire un Argan au dos voûté et qui traîne la patte, d'autant plus qu'à certains moments, lorsqu'il poursuit Toinette, par exemple (ACTE I, SCÈNE 5, l. 541-564), il fait preuve d'une étonnante agilité. Le travail du metteur en scène consiste à bien choisir la difformité physique du personnage pour qu'il soit le plus risible possible.

Le costume

Le costume aussi fait partie du comique de forme, puisqu'il est une raideur appliquée sur la fluidité corporelle de l'être humain. Le costume, qui emprisonne le corps et rend le personnage plus ou moins difforme, fait rire. L'être humain donne alors l'impression d'être une chose plus ou moins informe. Le costumier doit donc bien choisir le costume pour rendre le personnage le plus ridicule possible. Les vêtements des Diafoirus (ACTE II, SCÈNE 5) et le costume de médecin de Toinette (ACTE III, SCÈNE 10), entre autres, relèvent du comique de forme.

La voix

Une voix traînante ou nasillarde équivaut à une grimace dans l'enveloppe sonore de la voix. La plupart des metteurs en scène donnent à la gent médicale du *Malade imaginaire* des voix particulières dont la «grimace» sonore fait rire le spectateur.

LE COMIQUE DE GESTE

«Les attitudes, gestes et mouvements du corps humain sont risibles dans l'exacte mesure où ce corps nous fait penser à une simple mécanique.» Les personnages font rire lorsque leurs gestes ne reflètent plus leurs sentiments intérieurs, mais sont tout simplement une habitude mécanique, un tic. Les salutations d'Argan et de Diafoirus père (ACTE II, SCÈNE 5, l. 1111-1145), la récitation monocorde des compliments par Thomas Diafoirus (ACTE II, SCÈNE 5, l. 1154-1165, 1184-1197) relèvent d'un pur automatisme et, à ce titre, elles font rire.

LE COMIQUE DE SITUATION

Quel que soit le procédé utilisé, à la base, une situation est comique quand elle donne à la fois «l'illusion de la vie et la sensation nette d'un agencement mécanique».

Le diable à ressort (la boîte à surprise)

L'enfant qui actionne le mécanisme d'une boîte à surprise éclate de rire à chaque fois que le diable surgit brutalement. Il referme la boîte et recommence. Quand elle reproduit le même mécanisme, une situation devient comique.

- Lorsque le diable à ressort est physique, il met aux prises deux personnages, l'un repoussant l'autre, comme dans la scène où Argan poursuit Toinette, le diable (ACTE I, SCÈNE 5, l. 541-564).
- Lorsqu'il est psychologique, il oppose un sentiment à un discours qui le repousse. Quand Monsieur Purgon tance vertement Argan, qui a remis à plus tard un lavement (ACTE III, SCÈNE 5), chaque cri de détresse du malade imaginaire, le diable, est ignoré du médecin ulcéré. Le mouvement de va-et-vient ainsi créé fait naître le rire.
- Un mot répété est souvent la marque d'un diable à ressort psychologique. Lorsque Toinette feint de s'être cogné la tête, la colère d'Argan tente de repousser la supposée douleur de la servante, le diable. La répétition de «Ha !» (ACTE I, SCÈNE 2, l. 233, 235, 237, 239, 249, 251, 259) accentue alors le rythme du procédé.

Le pantin à ficelle (la marionnette)

Béline qui manipule Argan afin de l'amener à détourner de l'argent en sa faveur (ACTE I, SCÈNE 7), c'est l'enfant qui joue avec une marionnette. Pour le spectateur, le manipulé fait rire parce qu'il abdique inconsciemment sa liberté. Il fait preuve d'une raideur mécanique devant la vivacité du manipulateur. Quand Toinette-médecin cherche, entre autres, à dégoûter Argan des médecins et de la médecine (ACTE III, SCÈNE 10), le spectateur voit la fourberie, la manipulation, et rit.

L'effet boule de neige

Il y a effet boule de neige lorsqu'une conséquence est inattendue. Au départ, Cléante voulait profiter de la leçon de musique pour parler seul à seule à Angélique et connaître «ses résolutions sur ce mariage fatal» (ACTE II, SCÈNE 1, l. 999). Mais, conséquence imprévue, Argan décide que la leçon aura lieu en sa présence, au grand dam de Toinette, qui cherche à l'en dissuader (ACTE II, SCÈNE 2, l. 1056-1064).

La répétition

La répétition est une «combinaison de circonstances, qui revient telle quelle à plusieurs reprises». Par deux fois, Argan sort pour aller aux toilettes (ACTE I, SCÈNE 3; ACTE III, SCÈNE 1); à deux reprises, il contrefait le mort (ACTE III, SCÈNES 12, 13); et les Diafoirus et Toinette-médecin l'auscultent (ACTE II, SCÈNE 6; ACTE III, SCÈNE 10). Chaque répétition provoque le rire.

L'inversion

- Lorsque «la situation se retourne et que les rôles sont intervertis», le comique naît. C'est le principe de l'**arroseur arrosé**. Quand Argan découvre la fausseté de Béline, sa femme (ACTE III, SCÈNE 12), une partie du comique vient de ce qu'est prise celle qui croyait prendre. Elle, qui cherchait à s'emparer de toute la fortune d'Argan, perd tout.

- Parfois, seul le deuxième temps de l'inversion est présent, le premier devenant inutile parce qu'implicite. C'est le principe du **monde renversé**: l'enfant qui semonce ses parents, le prisonnier qui condamne un juge, un voleur qui se fait dévaliser, etc. Ainsi, Toinette, la servante, s'oppose tant à Argan qu'elle finit par se substituer à lui. Devenue père, elle avertit qu'elle déshéritera Angélique si elle ne lui obéit pas (ACTE I, SCÈNE 5, l. 562).

L'interférence

«Une situation est comique quand elle renvoie en même temps à deux séries d'événements absolument indépendantes, et qu'elle peut s'interpréter à la fois dans deux sens tout différents.»

- Quand une situation est interprétée différemment par deux personnages, il y a **quiproquo**. Thomas Diafoirus se trompe sur l'identité d'Angélique, la confondant avec Béline, la belle-mère (ACTE II, SCÈNE 5). L'erreur dans le décodage de la situation crée le quiproquo. Mais la méprise est parfois voulue. Lorsqu'Angélique raconte son rêve pour justifier sa surprise à la vue de Cléante, elle le décrit intentionnellement de façon à ce que son père n'y voit rien de mal et que Cléante sache qu'elle attend son aide (ACTE II, SCÈNE 3). L'opéra impromptu obéit à la même logique, son interprétation est double (ACTE II, SCÈNE 5).
- Quand une situation est interprétée de deux façons par le spectateur, il y a **interférence**. Ainsi, le spectateur décode de deux façons la réplique d'Argan: «Ouais! je joue ici un plaisant personnage» (ACTE II, SCÈNE 6, l. 1491). Elle renvoie à Argan qui, dans cette scène, juge

sa situation inconfortable (énoncé), mais aussi au comédien qui, dans le rôle d'Argan, joue « un plaisant personnage » (énonciation). La double interprétation rend la réplique comique.

LE COMIQUE DE MOT

Le comique de mot procède de la même logique que le comique de situation.

L'inversion

L'inversion consiste à retourner une phrase tout en lui gardant un sens. Le dialogue entre Toinette et Argan à propos du mariage d'Angélique est structuré sur de telles inversions.

TOINETTE : Vous-même.
ARGAN : Moi ?
TOINETTE : Oui, vous n'aurez pas ce cœur-là.
ARGAN : Je l'aurai.
TOINETTE : Vous vous moquez.
ARGAN : Je ne me moque point.
TOINETTE : La tendresse paternelle vous prendra.
ARGAN : Elle ne me prendra point.
(ACTE I, SCÈNE 5, l. 512-519).

L'ambiguïté

L'ambiguïté consiste à utiliser un mot, un syntagme, une phrase qui renvoie à deux systèmes d'idées.

- Cette ambiguïté découle parfois d'une formulation syntaxiquement et volontairement équivoque. Quand Toinette parle d'un « médecin de la médecine » (ACTE III, SCÈNE 7, l. 2170), la formulation est tautologique, mais elle peut aussi signifier un médecin qui soigne la médecine, laquelle en a bien besoin à l'époque.
- Souvent, l'ambiguïté est créée par une phrase qui joue sur la polysémie, c'est-à-dire sur le fait qu'un même mot peut avoir plus d'un sens. Quand Toinette demande à

Angélique pourquoi «tant résister, et refuser la gloire d'être attachée au corps de la Faculté» (ACTE II, SCÈNE 6, l. 1486-1487), elle joue sur la polysémie de «corps» qui désigne la corporation des médecins, mais également le corps de Thomas Diafoirus.

- Parfois, l'ambiguïté naît de ce que le mot renvoie tout simplement à deux choses. Les dénominations «Diafoirus», «Fleurant» et «Purgon», par exemple, désignent chacune des personnes et, respectivement, «diarrhée», «fleurer» et «purger», des éléments fort caractéristiques de la médecine du temps.

La transposition

Le procédé consiste à transposer une idée dans un ton autre que le ton normal. Les possibilités sont innombrables, ce qui explique que le procédé est largement utilisé.

- La **transposition sur la valeur** consiste à valoriser quelque chose qui l'est peu, ou l'inverse. Pour souligner l'arrivée des Diafoirus, Toinette s'exclame: «Allons, qu'on se range, les voici» (ACTE II, SCÈNE 4, l. 1110). Il s'agit d'une transposition sur la valeur, puisque normalement l'expression s'emploie pour marquer l'entrée de personnes importantes, les nobles en somme.
- La **parodie** est une imitation moqueuse ou burlesque du ton, des paroles et des idées de quelqu'un. La consultation de Toinette-médecin (ACTE III, SCÈNE 10) et la cérémonie finale sont des parodies de la médecine de l'époque.
- L'**ironie** consiste à dire le contraire de ce que l'on pense. Quand Toinette appuie vigoureusement Monsieur Purgon, le médecin, qui s'en prend à Argan parce qu'il a remis son lavement à plus tard (ACTE III, SCÈNE 5, l. 2063, 2069, 2076, 2081, 2087, 2097, 2103, 2109, 2117), elle ironise. Elle ne trouve pas que «[c]ela est épouvantable», qu'il «a tort», etc.

- L'**humour** consiste à traiter d'un sujet sérieux sur un ton léger. Béralde ne peut s'empêcher de répondre plaisamment à Monsieur Fleurant, l'apothicaire chargé des lavements : « on voit bien que vous n'avez pas accoutumé de parler à des visages » (ACTE III, SCÈNE 4, l. 2036-2037).
- La **satire** consiste à critiquer les vices et les ridicules des individus et des sociétés. Par l'intermédiaire des commentaires de Béralde, entre autres, Molière critique le peu de valeur de la médecine et des médecins de son temps (ACTE III, SCÈNE 3). L'ensemble de la pièce est en fait une satire de la médecine et des médecins.

LE COMIQUE DE CARACTÈRE

Comme *Le Malade imaginaire* tire son unité d'Argan, l'hypocondriaque, le comique de caractère y est très présent. Ce comique demande trois conditions : un défaut (ou une vertu) poussé à l'extrême, l'insensibilité du personnage et l'insensibilité du spectateur.

Un défaut (ou une vertu)

Dans *Le Malade imaginaire*, l'hypocondrie domine entièrement Argan. Sa vie est réglée par les traitements prescrits : par deux fois, il doit sortir précipitamment pour aller aux toilettes. Il en redemande et ne peut laisser partir les Diafoirus sans s'offrir une consultation, qui, surcroît de bonheur, ne lui coûte rien. L'hypocondriaque va encore plus loin. Comme mari pour sa fille, il choisit Thomas Diafoirus, dont le seul mérite, mais inestimable à ses yeux, est d'être médecin.

L'insensibilité et l'automatisme du personnage

Le personnage est insensible en ce sens qu'il ne réagit qu'en fonction de son défaut, tellement qu'il en devient prévisible. Ainsi, alors que Béline a été confondue (ACTE III,

SCÈNE 12) et qu'Angélique a fait preuve d'un amour filial exemplaire (ACTE III, SCÈNE 13), Argan aurait dû tout simplement accepter que sa fille épouse Cléante. Pourtant, s'il y consent, c'est à la condition que le jeune homme se fasse médecin (ACTE III, SCÈNE 14, l. 2498-2499). Insensible aux autres, à lui-même, à tout ce qui l'entoure, Argan devient automatique, prévisible pour le spectateur qui sait qu'il réagira uniquement en fonction de son hypocondrie.

L'insensibilité du spectateur

Pour qu'un défaut fasse rire, il ne faut pas qu'il entre en conflit ouvert avec un autre sentiment. Ainsi, pour éviter que *Le Malade imaginaire* ne frôle le drame, Molière isole l'hypocondrie d'Argan de tout autre sentiment. Lorsqu'Argan annonce à sa fille qu'elle doit épouser Thomas Diafoirus, elle se tait. Si elle avait imploré son père, le malade imaginaire aurait eu à choisir entre son hypocondrie et son amour paternel. Avec la discussion entre Thomas Diafoirus et Angélique, puis Béline et sa belle-fille, la pièce frise le drame, puisque Molière fait ressortir les conséquences désastreuses qu'entraîne l'hypocondrie d'Argan. Si le spectateur s'y attarde, c'est le drame. Molière, pour le désamorcer, insère la séance d'auscultation donnée par les Diafoirus et présente un Argan s'investissant totalement dans son amour de la maladie.

«DU MÉCANIQUE PLAQUÉ SUR DU VIVANT»

Qu'il soit de forme, de geste, de situation, de mot, de caractère, le comique reste du «mécanique plaqué sur du vivant». Le rire jaillit quand une grimace, un geste, une situation, un mot, un trait de caractère vient limiter la mobilité, la flexibilité, la vivacité du corps humain, de l'esprit humain, de la vie tout simplement.

Le Malade imaginaire.

Par Daumier (1808-1879).
Institut Courtauld.

Jugements sur l'œuvre

«Notre vrai Térence français
Qui vaut mieux que l'autre cent fois,
Molière, cet incomparable
Et de plus en plus admirable,
Attire aujourd'hui tout Paris
Par le dernier de ses écrits
Où d'un Malade imaginaire
Il nous dépeint le caractère
Avec des traits si naturels
Qu'on ne peut voir de portraits tels.
La Faculté de Médecine
Tant soit peu, dit-on, s'en chagrine.»

Robinet, *Gazette rimée*, 18 février 1673.

«Argan est insupportable, il crie, il court, se remue follement dans son fauteuil, il est bougon, colérique, plein de santé, comme le malade imaginaire. Il n'est pas neurasthénique... oh non ! il mange bien, boit sec, dort comme un sonneur... il a une idée fixe : la maladie, et il devient le pantin de cette maladie.

Le Malade imaginaire est une comédie de caractère admirable, touchant à la farce, et il est nécessaire d'être caractéristique et drolatique dans le personnage d'Argan, pittoresque et pictural, plein de mouvement et de force.»

Coquelin Cadet, cité par Francisque Sarcey,
Quarante Ans de théâtre, TOME II, 1900.

«Comment Cadet ne voit-il pas ce qui depuis deux siècles a crevé les yeux de tous les critiques ou plutôt de tout le monde, qu'Argan est, en effet, et très réellement, un malade imaginaire, un hypocondriaque si l'on aime mieux et que Molière, par un coup de génie, a fait de lui un sanguin qui sursaute au moindre incident, s'irrite, s'emballe, jusqu'à ce qu'un mot lui rappelle qu'il est malade et très malade. Le comique de la pièce, un comique très profond, est tout entier dans le contraste incessamment renouvelé d'un égoïste, ramassé sur sa prétendue maladie, qui sacrifierait femme et enfants à sa santé et qui s'échappe sans cesse de cette contemplation où il vit par des à-coups de fureur que provoquent à plaisir ceux qui l'entourent.»

Francisque Sarcey, *Quarante Ans de théâtre*, TOME II, 1900.

«Molière, en écrivant *Le Malade imaginaire*, veut faire la satire de la Faculté de médecine. Il n'est pas un simple amuseur. Il prétend railler certaines erreurs, affirmer une attitude, une doctrine. Contre la médecine, il ose dire son hostilité. Il affiche à son endroit un scepticisme radical. La nature est enveloppée de voiles. L'homme est incapable de pénétrer jusqu'à ses secrets. Tout le monde ignore. La différence qu'il est possible de découvrir entre certains médecins et leurs confrères, c'est que les uns sont des naïfs qui partagent les erreurs du vulgaire, tandis que les autres savent très bien leur ignorance et jouent lucidement la comédie [...].

Molière a un mot pourtant qui ouvre d'autres perspectives. Si la Nature se dissimule sous des voiles, c'est, dit-il, "jusques ici". Il admettait par conséquent la possibilité d'un progrès, d'une conquête de l'homme sur les forces mystérieuses. [...] Il croit à la circulation du sang, il croit à la raison, il croit "aux découvertes de notre siècle". Voilà, à le bien prendre, l'exacte portée du *Malade imaginaire* et voilà par où il se rattache au projet d'une comédie dirigée contre la Faculté de théologie. Cette terrible satire, en effet, ne tombe pas seulement sur le corps médical, sur ses routines, son respect des formalités, son ignorance prétentieuse. Elle ne tombe pas seulement sur la médecine. Elle atteint, elle enveloppe la scolastique, la philosophie officielle, l'aristotélisme des Facultés.»

Antoine Adam, *Histoire de la littérature française au XVIIe siècle*, TOME III, Domat, 1952.

«Il est peu d'œuvres théâtrales où la mort, la maladie, le souci d'argent — le morbide et le sordide — soient si continûment présents que dans *Le Malade imaginaire*. Une épouse doucereuse n'en veut qu'à la fortune de son mari qui ne songe qu'à déshériter ses enfants. Du titre au couronnement final, du monologue initial aux multiples scènes de consultation, la maladie, les maux du corps et leur lot inévitable de traitements médicaux envahissent le discours des personnages. Et la mort — la mise en scène macabre du trépas ou l'expression violente de la hantise de mourir — est là qui rôde incessamment, du cri qui conclut la première scène au dernier mot de la pièce *tuat*. Et surtout, par-dessus tout, l'ombre géante de la mort de Molière dont *Le Malade* est l'ultime pièce.

Il est peu d'œuvres cependant qui soient aussi évidemment comiques, aussi pleines de vie et de gaieté, de mouvement et de variété que ce *Malade*.»

Jean Jordy, *Le Malade imaginaire de Molière*, Bertrand Lacoste, 1993.

«La médecine, qui donne l'illusion d'atteindre l'immortalité, trouve en Argan le sujet rêvé. Une peur omniprésente de la mort s'empare de lui et l'enfonce dans le "vice" de la maladie. Argan n'est pas plus malade que le "cocu imaginaire" n'est cocu, mais il se croit malade, donc il l'est. Il a l'imagination malade et sans doute avec le temps il deviendra "malade malgré lui". [...]

Argan choisit d'être malade ; il se fait donc loque à plaisir, se métamorphose sous les yeux dégoûtés de tous en un poupon malpropre, geignant ; il se fait plaindre et dorloter, et remet tout, jusqu'aux soins de ses évacuations, entre les mains de l'Auguste Faculté. Elle partage son culte, et de purge en clystère, la bile et l'argent circulent. »

Guillermo de Andrea, *Programme du Malade imaginaire*, Théâtre du Rideau Vert, 1996.

Le fauteuil dans lequel Molière a joué le rôle d'Argan, actuellement conservé à la Comédie-Française.

Molière.

Par Pierre Mignard.
Musée Condé, Chantilly.

Plongée dans l'œuvre

Argan au milieu de ses oreillers (ACTE I, SCÈNE 6).

GRAVURE DE LAURENT CARS,
D'APRÈS UN DESSIN DE FRANÇOIS BOUCHER (1703-1770).
Bibliothèque de la Comédie-Française, Paris.

QUESTIONS SUR L'ŒUVRE[1]

PROLOGUE, ACTE I ET PREMIER INTERMÈDE

PROLOGUE

1. Que vise le prologue ?
2. Relevez les allusions à l'actualité de 1673.
3. Relevez les propos où Molière se fait particulièrement courtisan.
4. Que raconte le prologue ? A-t-il un lien avec l'intrigue du *Malade imaginaire* ?

ACTE I, SCÈNES 2, 3 et 4

Compréhension

1. Retracez les deux parties de la SCÈNE 2 et donnez-leur un titre.

Action et personnages

2. Sur le plan de l'action, quel élément important est annoncé à la SCÈNE 2 ?
3. Sur le plan de l'action, expliquez l'utilité de la sortie d'Argan à la SCÈNE 3.
4. Décrivez la relation Argan-Toinette telle qu'elle apparaît à la SCÈNE 2.
5. Décrivez la relation Toinette-Angélique telle qu'elle apparaît à la SCÈNE 4.

Comique

6. Quel procédé du comique de situation la didascalie «*faisant semblant de s'être cogné la tête*» (SCÈNE 2, l. 227) implique-t-elle ?
7. Dans la première partie de la SCÈNE 2, quel procédé du comique de situation est employé ? Quelle caractéristique stylistique en accentue le rythme ?
8. Relevez deux répliques dans les SCÈNES 2 et 3 qui font appel à l'ambiguïté du comique de mot. Expliquez-en le jeu de mots.

---

1 Pour toute notion reliée au théâtre (action, dénouement, didascalie, exposition, ressort dramatique, théâtre dans le théâtre, règle des trois unités, etc.), référez-vous au *Lexique du théâtre* (p. 235-236). Pour toute notion sur le comique, référez-vous à la section *Procédés de fabrication du comique* (p. 192-200).

9. Pour les scènes 2 et 3, relevez deux éléments qui font ressortir l'hypocondrie d'Argan. De quel comique relèvent-ils ?
10. Expliquez le fonctionnement du diable à ressort de la SCÈNE 4 et montrez qu'il se clôt sur une inversion.
11. Pourquoi, pendant la discussion entre Toinette et Angélique, Molière insère-t-il peu d'éléments comiques ?

ACTE I, SCÈNES 6 et 7

Compréhension

1. Au XVIIe siècle, comment la France est-elle organisée sur le plan juridique ?
2. Quels sont les trois moyens suggérés par le notaire pour contourner la loi ?

Action et personnages

3. À la SCÈNE 6, quelle réplique de Toinette permet de situer temporellement l'action ?
4. Ces deux scènes font-elles avancer l'action ? Justifiez.
5. Relevez les termes qu'utilise Béline lorsqu'elle s'adresse à son mari. À partir de ce relevé, comment qualifieriez-vous leur relation ? Qui porte le masque ?
6. Quel ressort dramatique interne fait agir Béline ? Argan ?
7. Qu'est-ce qui explique l'impunité de Toinette face à Argan ? Montrez que Toinette, à la SCÈNE 6, s'amuse à mettre et à ôter le masque.

Comédie

8. Quel procédé du comique de situation se retrouve dans l'ensemble des deux scènes ?
9. À la SCÈNE 6, quelles répliques de Toinette sont particulièrement ironiques ?
10. À quel procédé du comique de situation le geste de Toinette donnant un coup d'oreiller à Argan renvoie-t-il ?
11. Pourquoi le nom du notaire fait-il rire (note 1, p. 12) ? Précisez le procédé comique utilisé.
12. À la SCÈNE 6, le comique de caractère est le fait d'Argan, tandis qu'à la SCÈNE 7, il est surtout le fait de Béline. Montrez-le. Relevez les répliques les plus caractéristiques.
13. Dans la SCÈNE 7, sur quoi la satire porte-t-elle ? Quels en sont les principaux traits ?

Acte i, scène 8 et premier intermède

Compréhension

1. Pourquoi Argan a-t-il quitté sa chambre ? Qu'est-ce qui y justifie la présence de Toinette et d'Angélique ?
2. Comment le premier intermède est-il annoncé ?
3. Retracez les deux parties de l'intermède et titrez-les.

Action et personnages

4. Dans la scène 8, quelle indication Toinette fournit-elle en ce qui concerne le temps de l'action ?
5. Sur le plan de l'action, montrez l'importance de la scène 8.
6. Comment le premier intermède est-il relié à l'action du *Malade imaginaire* ?

Comique

7. En quoi pourraient consister les comiques de geste et de forme dans le premier intermède ?
8. Dans la première partie de l'intermède, situez et expliquez le procédé du diable à ressort.
9. À quel procédé comique la réplique de Polichinelle sur «la mode de parler en musique» (l. 886) renvoie-t-elle ?
10. Dans la deuxième partie de l'intermède, délimitez et expliquez deux diables à ressort.
11. Situez et décrivez l'inversion du comique de situation dans la seconde partie de l'intermède.

Acte ii

Acte ii, scènes 1, 2, 3 et 4

Compréhension

1. Comment Cléante a-t-il été mis au courant du mariage projeté entre Angélique et Thomas Diafoirus ?
2. Comment Cléante s'arrange-t-il pour parler à Angélique malgré l'étroite surveillance dont elle est l'objet ?
3. Quels renseignements la première scène fournit-elle quant à l'éducation d'Angélique ?
4. Pourquoi le mariage entre Angélique et Thomas Diafoirus se fera-t-il dans «quatre jours» (scène 4, l. 1103 ; voir acte i, scène 5) ?

Action et personnages

5. Entre la fin du premier intermède et le début de l'ACTE II, combien de temps s'est-il écoulé ?
6. En quoi la première scène est-elle une scène d'exposition ?
7. À la SCÈNE 2, Cléante est-il judicieux dans ses remarques à Argan ? Pourquoi ?
8. Quelle remarque de Toinette montre qu'Argan est bel et bien un malade imaginaire ?
9. Qu'y a-t-il de commun entre les SCÈNES 1 et 3 ? Qu'y a-t-il de différent ?
10. En quoi l'interruption de Cléante par Toinette, à la fin de la SCÈNE 3, est-elle une bonne chose ?
11. Comment Angélique et Cléante apparaissent-ils ? Quel est le ressort dramatique interne qui les fait agir ?
12. Dans ces scènes, qui porte le masque ? Pourquoi ?

Comique

13. En vous aidant de la réponse à la question 9, expliquez le procédé comique qui chapeaute les SCÈNES 1 et 3.
14. Au début de la SCÈNE 2, en quoi le comique de geste pourrait-il consister ?
15. Décrivez le pantin à ficelle de la SCÈNE 2.
16. Dans la SCÈNE 2, relevez les répliques ironiques de Toinette.
17. Relevez les moments de la SCÈNE 2 où le comique de caractère ressort plus particulièrement.
18. Expliquez l'interférence du comique de situation de la SCÈNE 3.
19. Il y a effet boule de neige lorsqu'une conséquence est inattendue. Dans ces quatre scènes, ce procédé du comique de situation est présent à deux reprises. Montrez-le.
20. Pourquoi utiliser le nom *Diafoirus* pour désigner des médecins est-il comique (note 1, p. 12) ? Quel procédé du comique de mot est ici en jeu ?
21. Expliquez en quoi consistent les comiques de mot suivants :
    a) «Ma foi, monsieur [...] charmée de lui» (SCÈNE 4, l. 1089-1095) ;
    b) «Que vous serez bien engendré !» (SCÈNE 4, l. 1092) ;
    c) «Allons, qu'on se range, les voici» (SCÈNE 4, l. 1110).

ACTE II, SCÈNE 6

Compréhension

1. Divisez la scène en trois parties et titrez-les.
2. Dans cette scène, qu'apprend-on sur le mariage au XVIIe siècle ? La conception qu'en a Argan est-elle la même que celle d'Angélique ? Justifiez.
3. Décrivez les étapes de la consultation qui clôt la scène.

Action et personnages

4. Quelle réplique de Béline laisse entrevoir qu'elle se doute de la raison qui pousse Angélique à refuser d'épouser Thomas Diafoirus ?
5. Quel objectif Béline poursuit-elle ?
6. Montrez l'importance de cette scène sur le plan de l'action.
7. La réaction d'Angélique diffère-t-elle de celle qu'elle avait eue à l'annonce du projet de son père (ACTE I, SCÈNE 6) ? Justifiez.
8. Angélique s'oppose tour à tour à Thomas Diafoirus et à Béline. Quels arguments avance-t-elle ? Comment chacun les contre-t-il ?
9. Thomas Diafoirus se comporte-t-il différemment par rapport à la scène précédente ? Justifiez. Qu'est-ce qui le fait agir ?

Comique

10. Au début de la scène, en quoi le comique de geste pourrait-il consister ? Quel personnage en serait le responsable ?
11. De quel procédé du comique de mot les répliques de Toinette relèvent-elles ? Donnez-en deux exemples et expliquez-les.
12. Retracez la réplique ironique d'Angélique durant sa dispute avec Béline.
13. De quel procédé du comique de mot les reproches de Thomas Diafoirus à sa future belle-mère relèvent-ils ?
14. À quel procédé du comique de mot renvoie la réplique de Toinette : « Pourquoi tant résister et refuser la gloire d'être attachée au corps de la Faculté ? » (l. 1486-1487) ?
15. À quel procédé comique renvoie la réplique d'Argan : « Ouais ! je joue ici un plaisant personnage » (l. 1491) ? Expliquez-le.

16. En vous aidant de la théorie sur le comique de caractère, expliquez pourquoi les discussions entre Angélique et Thomas Diafoirus de même qu'entre Angélique et Béline ne sont pas entièrement comiques.
17. Où le comique de caractère ressort-il particulièrement ?
18. Montrez que la séquence de consultation est drôle à cause des procédés du diable à ressort et du pantin à ficelle.
19. Relevez les principaux traits de satire de la médecine et des médecins dans la séquence de consultation.

Acte II, scènes 7, 8, 9 et second intermède

Compréhension

1. Quelle réplique de la scène 6 justifie l'arrivée inopinée de Béline à la scène 7 ?
2. Selon Béralde, à quoi le théâtre peut-il servir ?
3. Quel est le thème du second intermède ?
4. À la scène 9, Béralde apparaît pour la première fois. Comment le spectateur sait-il de qui il s'agit ?

Action et personnages

5. Comment les scènes 7 et 8 font-elles avancer l'action ? À la fin de ces deux scènes, en quoi le suspense consiste-t-il ?
6. Pourquoi Béline dénonce-t-elle Angélique ?
7. À la demande de son père, quel rôle Louison joue-t-elle ?
8. Dans la scène 8, quels ressorts dramatiques internes font agir Argan ? Comment apparaît-il ?
9. Pour Goethe, la scène 8 est « le symbole de la connaissance parfaite des planches ». Un auteur moyen aurait simplement fait raconter l'histoire par Louison, tandis que Molière lui fait avouer progressivement les faits. Retracez les quatre étapes de cet aveu.
10. Montrez que, dans la scène 8, les deux personnages portent tour à tour le masque ? Obtiennent-ils le même succès ?
11. Quelle est la double utilité de la scène 9 ?
12. Le second intermède est-il réellement lié à l'action ?
13. Expliquez en quoi le second intermède est du théâtre dans le théâtre.

Comique

14. Situez avec précision et décrivez les deux mécanismes du diable à ressort de la SCÈNE 8.
15. Montrez que, dans la SCÈNE 8, il y a un double pantin à ficelle et dites quel est le procédé du comique de situation qu'il entraîne.
16. Quand l'hypocondrie d'Argan ressort-elle particulièrement ? Quel comique est en jeu ?

ACTE III

ACTE III, SCÈNES 1 et 2

Compréhension

1. Que commente Béralde en entrée de la SCÈNE 1 (l. 1795-1796) ?
2. Pourquoi Argan doit-il sortir à la SCÈNE 1 ?

Action et personnages

3. Sur le plan de l'action, à quoi la sortie d'Argan à la SCÈNE 1 sert-elle ? À quoi sert la SCÈNE 2 ? À la fin de la SCÈNE 2, en quoi le suspense consiste-t-il ?

Comique

4. Montrez que les deux répliques de Toinette de la SCÈNE 1 (l. 1797, 1801-1802) sont ironiques.
5. Comment, dans la SCÈNE 1, le comique de caractère ressort-il ?
6. À la SCÈNE 1, à quel niveau la répétition du comique de situation se situe-t-elle ?
7. Quel procédé comique la SCÈNE 2 annonce-t-elle ?

ACTE III, SCÈNES 4, 5 et 6

Compréhension

1. Pourquoi la seringue que tient Monsieur Fleurant est-elle si grosse ?
2. Quel champ lexical Monsieur Purgon privilégie-t-il lorsqu'il parle du refus d'Argan de prendre sa « médecine » ? Lorsqu'il parle de la « médecine » elle-même ? Comment Monsieur Purgon apparaît-il ?

Action et personnages

3. Sur le plan de l'action, à quoi ces scènes servent-elles ?
4. Pourquoi, à la SCÈNE 5, Toinette prend-elle le parti de Monsieur Purgon ? Pourquoi Béralde reste-t-il silencieux ?
5. Quel est le ressort dramatique interne qui fait agir Monsieur Purgon ? Argan ?

Comique

6. Dans la SCÈNE 4, quelle réplique de Béralde est particulièrement drôle ? Précisez de quelle transposition du comique de mot il s'agit.
7. Montrez comment fonctionne le diable à ressort de la SCÈNE 5 et relevez les caractéristiques stylistiques qui en accentuent le rythme.
8. De quel procédé comique les répliques de Toinette de la SCÈNE 5 relèvent-elles ?
9. Dans la SCÈNE 5, en quoi le comique de geste pourrait-il consister ?
10. Quel procédé du comique de situation se retrouve dans l'ensemble des trois scènes ? Justifiez.
11. À partir des champs lexicaux qu'emploie Monsieur Purgon pour qualifier le refus d'Argan et la «médecine» prescrite, dites quelle transposition est utilisée.
12. Dans les trois scènes, relevez les répliques où l'hypocondrie d'Argan ressort particulièrement. Quel comique est alors en jeu ?

ACTE III, SCÈNES 7, 8 et 9

Action et personnages

1. À quoi les scènes 7, 8 et 9 servent-elles sur le plan de l'action ?
2. Comment Toinette tente-t-elle de camoufler l'invraisemblance de la similitude ?
3. Montrez, à l'aide de répliques, qu'Argan a de sérieux doutes quant à l'identité du médecin.
4. Comment Béralde aide-t-il Toinette au cours de ces scènes ?

Comique

5. Quel comique de situation est à la base des SCÈNES 7 à 9 ?

6. Expliquez l'ambiguïté du comique de mot dans les répliques suivantes :
   a) « Un médecin de la médecine » (SCÈNE 7, l. 2170) ;
   b) « j'ai sur le cœur toutes ces maladies-là » (SCÈNE 7, l. 2182).
7. Trouvez, dans la SCÈNE 7, une réplique d'Argan qui relève du comique de caractère.

ACTE III, SCÈNES 11, 12, 13, 14 et TROISIÈME INTERMÈDE

Compréhension

1. Qu'est-ce que le latin macaronique ? Donnez-en des exemples.
2. Comment la médecine et les médecins sont-ils présentés dans la SCÈNE 14 et le troisième intermède ?

Action et personnages

3. Quelle réplique d'Argan, à la SCÈNE 11, prouve qu'il n'a plus aucun doute sur l'identité du médecin ?
4. Quelle nouvelle maladresse Béralde commet-il à la SCÈNE 11 ? Comment Toinette le sauve-t-elle ?
5. Pourquoi Argan accepte-t-il de contrefaire le mort ? Pourquoi Béralde doit-il se cacher avant l'arrivée de Béline ?
6. Montrez que ces quatre scènes sont des scènes de dénouement.
7. Quand Argan apparaît-il comme un bon père de famille ?
8. Dans ces scènes, quels personnages portent le masque ? Quel personnage le laisse tomber ?
9. Le troisième intermède est-il relié à l'action ? Montrez que le spectateur assiste à du théâtre dans le théâtre.

Comique

10. Relevez quelques répliques ironiques de Toinette à la SCÈNE 11. Une réplique humoristique à la SCÈNE 12.
11. Quel procédé du comique de situation structure les quatre dernières scènes ? Justifiez.
12. Expliquez la répétition du comique de situation dans ces scènes.
13. À la SCÈNE 14, quand le comique de caractère ressort-il particulièrement ? Donnez la réplique exacte.
14. En quoi les comiques de geste et de forme pourraient-ils consister dans le troisième intermède ?

15. Dans la SCÈNE 14 et le troisième intermède, relevez les principaux traits de satire de la médecine et des médecins.
16. Relevez tout ce qui permet de parodier la cérémonie de réception d'un médecin.

MONSIEUR PURGON : Mépriser mon clystère !
ARGAN : Faites-le venir, je m'en vais le prendre.

ACTE III, SCÈNE 5, lignes 2093 et 2094.

ILLUSTRATION PAR JANET LANGES, EXTRAITE DES *ŒUVRES COMPLÈTES DE MOLIÈRE*, 1851.

Extrait 1

Acte i, scène 1

Compréhension

1. Retracez les deux parties du monologue de départ et titrez-les.
2. Dans la première partie, quand le malade imaginaire se parle-t-il ? Quand lit-il la facture de son apothicaire ? Quand dialogue-t-il avec Monsieur Fleurant ?
3. Quels champs lexicaux sont privilégiés dans la première partie ? Lequel, dans la seconde ?
4. Quel mois de l'année la facture qu'examine Argan couvre-t-elle ? Pourquoi pouvons-nous dire que la pièce commence en plein milieu d'une scène ?
5. Faites la liste des médicaments et des traitements prescrits à Argan. Lesquels sont privilégiés ? Quel traitement, fort utilisé à l'époque, est absent de cette liste ?
6. À combien la facture monte-t-elle ? En sachant que la facture du médecin devait être tout aussi importante, à combien les frais médicaux d'Argan s'élèvent-ils annuellement ? Sachant qu'un domestique gagnait annuellement 100 livres et une servante, 20 livres, comment les spectateurs de 1673 percevaient-ils Argan ?
7. En analysant les descriptions qui accompagnent chacun des médicaments et traitements, trouvez les caractéristiques du «style apothicaire». Pourquoi Argan soutient-il que les factures de Monsieur Fleurant «sont toujours fort civiles» (l. 164) ?

Action et personnages

8. Quand et où l'action se déroule-t-elle ?
9. Expliquez en quoi cette scène est et n'est pas une scène d'exposition.
10. En quoi le fait que la pièce s'appelle *Le Malade imaginaire* jette-t-il un éclairage particulier sur cette première scène ?
11. Précisez les trois traits de caractère d'Argan qui ressortent particulièrement dans cette scène. Pour chacun, donnez une illustration.

12. À cause du titre de la pièce, dès le départ, le spectateur sait qu'il s'agit d'un malade imaginaire. Montrez que le comportement d'Argan durant le monologue confirme ce qu'annonce le titre.

Comique

13. Dans son monologue, Argan nomme son médecin et son apothicaire. Pourquoi le spectateur rit-il en entendant leur nom (note 1, p. 12) ? Précisez le procédé du comique de mot utilisé.
14. Le comique de caractère naît d'un défaut poussé à l'extrême. Quelle remarque d'Argan fait particulièrement ressortir son hypocondrie ?
15. Quels autres comportements ou réflexions d'Argan relèvent du comique de caractère ?
16. À quelle transposition du comique de mot l'utilisation du «style apothicaire» renvoie-t-elle ?
17. Dans la deuxième partie du monologue, en quoi le comique de geste et le comique de forme pourraient-ils consister ?
18. À quel comique respectif renvoie chacun des éléments suivants :
    a) la tablette et les jetons, l'équivalent actuel d'une caisse enregistreuse ;
    b) la grosse cloche ?
19. Dans chaque partie du monologue, il y a un diable à ressort implicite, dont le diable est évoqué, mais n'est pas directement présent sur scène. Décrivez-les.

SUJET D'ANALYSE LITTÉRAIRE

Analysez le monologue d'Argan : structure, caractéristiques stylistiques et lexicales, action et personnage, comique.

Extrait 2

Acte I, scène 5

Compréhension

1. Divisez la scène en deux parties et titrez-les. Pour chaque partie, précisez l'interlocutrice d'Argan.
2. Que révèle cette scène de la situation familiale d'Angélique ?
3. Que nous apprend cette scène du mariage au XVIIe siècle ?

Action et personnages

4. Justifiez l'importance de cette scène sur le plan de l'action. S'agit-il d'une scène d'exposition ? Pourquoi ?
5. Quel élément de la scène précédente fait croire à Angélique qu'il s'agit de Cléante dont parle Argan ?
6. À partir du moment où elle avoue à son père qu'elle pensait à un autre homme que Thomas Diafoirus (l. 427-428), Angélique reste silencieuse jusqu'à ce que son père lui demande de l'aide (l. 558-559). Qu'est-ce qui explique ce silence prolongé ?
7. Quels sont les arguments d'Argan en faveur du mariage et ceux de Toinette contre le projet ? Pour chaque argument, donnez une réplique caractéristique.
8. Comment le père apparaît-il dans cette scène ? Quels ressorts dramatiques le font agir ?
9. Comment Toinette se comporte-t-elle par rapport à Argan ? Par rapport à Angélique ?

Comique

10. Quel procédé du comique de situation structure la première partie de la scène ? Pourquoi ?
11. De quel procédé du comique de situation l'aveu d'Angélique relève-t-il ?
12. Montrez que dans les deux parties de la scène le procédé du diable à ressort est utilisé. Pour celui de la deuxième partie, retracez ce qui en accentue le rythme.
13. Pourquoi la réplique de Toinette (l. 469-471), celle d'Argan où il annonce le mariage (l. 420-426) et celle où il explique les liens de parenté entre les médecins (l. 472-477) sont-elles comiques (note 1, p. 12) ? Précisez le procédé comique utilisé.

14. De quel comique relève le fait qu'Argan souhaite marier sa fille à un médecin «afin de [s]'appuyer de bons secours contre [s]a maladie, d'avoir dans [s]a famille les sources des remèdes qui [lui] sont nécessaires et d'être à même des consultations et des ordonnances» (l. 440-443) ? Pourquoi ? Y a-t-il d'autres répliques qui font rire pour des raisons semblables ? Lesquelles ?
15. Pour qu'il y ait comique de caractère, le défaut poussé à l'extrême doit être isolé d'un autre sentiment. Comment Molière s'y prend-il pour que l'hypocondrie d'Argan n'entre pas en conflit avec l'amour paternel ?
16. À quel procédé du comique de mot renvoie la réplique de Toinette : «Hé bien ! oui, Monsieur, vous êtes malade, n'ayons point de querelle là-dessus ; oui, vous êtes fort malade, j'en demeure d'accord, et plus malade que vous ne pensez : voilà qui est fait» (l. 450-453) ?
17. À quelle transposition du comique de mot renvoie chacune des répliques suivantes :
    a) «La bonne bête a ses raisons» (l. 376) ;
    b) «Il faut qu'il ait tué bien des gens pour s'être fait si riche» (l. 478-479) ;
    c) «Elle n'est point faite pour être Madame Diafoirus» (l. 484-485) ?
18. Montrez que le dialogue entre Toinette et Argan est en partie structuré sur des inversions du comique de mot.
19. Expliquez en quoi consiste l'inversion externe du comique de situation dans la seconde partie de la scène. Relevez quelques répliques qui l'illustrent particulièrement.
20. Décrivez les diables à ressort, l'un physique, l'autre psychologique, de la fin de la scène (l. 540-564).
21. Pouvons-nous dire que, dans cette scène, Molière met en application sa devise *Castignare mores ridendo*, soit «Châtier les mœurs en riant» ? Justifiez en prenant tout particulièrement en compte l'autorité paternelle.

SUJET D'ANALYSE LITTÉRAIRE

Après avoir situé cette scène, montrez que Molière y engage résolument l'action, tout en réussissant à faire amplement rire le spectateur.

Extrait 3

Acte II, scène 5

Compréhension

1. Délimitez les deux parties de la scène et titrez-les.
2. Relevez les images que, dans son compliment, Thomas Diafoirus associe à Angélique et à lui-même.
3. En vous aidant des notes en bas de page, dites en quoi les deux compliments de Thomas Diafoirus sont pédants.
4. Par l'intermédiaire des Diafoirus, que Molière reproche-t-il à la médecine de son temps ?
5. À partir de l'exemple qu'en fournit l'opéra impromptu, retracez les principales caractéristiques de la pastorale : lieu, personnages, sentiments, vocabulaire.

Action et personnages

6. Cette scène est-elle importante sur le plan de l'action ? Justifiez.
7. Dans la tirade de Monsieur Diafoirus (l. 1210-1246), relevez tout ce qui montre la bêtise de Thomas Diafoirus.
8. Décrivez la relation entre Diafoirus père et Diafoirus fils. Relevez les répliques les plus caractéristiques.
9. Comparez la réaction d'Angélique lors de l'annonce de son mariage par son père (ACTE I, SCÈNE 5) à son comportement dans cette scène.
10. Qui porte le masque ? Pourquoi ? En quoi cette scène est-elle du théâtre dans le théâtre ?

Comique

11. Comment fonctionne le diable à ressort en début de scène ?
12. Expliquez l'effet boule de neige.
13. Dans la première partie de la scène, expliquez le pantin à ficelle et retracez deux répliques qui le font particulièrement ressortir.
14. Précisez les moments où le défaut poussé à l'extrême d'Argan ressort particulièrement.
15. De quel comique l'erreur sur la personne que commet Thomas Diafoirus relève-t-elle ?

16. Répartissez les répliques de Toinette selon qu'elles sont ironiques, humoristiques ou satiriques. Précisez à quoi Molière s'attaque par leur entremise.
17. Par quel procédé comique Molière s'attaque-t-il à la mode des dissections devant public ?
18. Retracez la réplique ironique de Cléante.
19. Lorsque Thomas Diafoirus récite ses compliments, en quoi les comiques de forme et de geste pourraient-ils consister ?
20. Pourquoi le discours amoureux de Thomas Diafoirus est-il risible ? Précisez le procédé comique utilisé.
21. Comparez-le à celui qu'adresse Cléante à Angélique par opéra impromptu interposé. Quel procédé du comique de situation cette comparaison fait-elle apparaître ?
22. En quoi le discours de Monsieur Diafoirus sur son fils (l. 1210-1246) est-il involontairement ironique ?
23. Montrez, grâce à cette même tirade, que Molière fait la satire de la médecine.
24. Expliquez le jeu de mot avec «circulateurs» (l. 1248). De quel procédé comique relève-t-il ?
25. Une tradition scénique veut qu'au moment où Argan demande d'avancer des sièges, on apporte une chaise haute pour Thomas Diafoirus. De quel comique le fait relève-t-il ?
26. Montrez que durant l'opéra impromptu, il y a à la fois pantin à ficelle et interférence du comique de situation.
27. Molière parodie légèrement le genre pastoral. Comment y parvient-il ?
28. Relevez tout ce qui rend parodique la présentation officielle du futur gendre à sa promise.
29. En quoi est particulièrement comique la réplique d'Argan «Voilà un sot père que ce père-là, de souffrir toutes ces sottises-là sans rien dire» (l. 1404-1405) ? Quel procédé comique est utilisé ?
30. Pouvons-nous dire que, dans cette scène, Molière met en application sa devise *Castignare mores ridendo*, soit «Châtier les mœurs en riant» ? Justifiez en prenant tout particulièrement en compte l'autorité paternelle.

SUJET D'ANALYSE LITTÉRAIRE

Montrez que Molière, dans cette scène, obéit aux deux finalités du classicisme : plaire, faire rire, puisqu'il s'agit d'une comédie, mais aussi instruire.

Toinette, *en le raillant* : Voilà ce que c'est que d'étudier, on apprend à dire de belles choses.

Acte II, scène 5, lignes 1198 et 1199.

Bibliothèque de la Comédie-Française, Paris.

EXTRAIT 4

ACTE III, SCÈNE 3

Compréhension

1. Divisez la scène en cinq parties et titrez-les.
2. Relevez le champ lexical de la parenté. Qui en fait le plus grand usage ? Dans quelle partie de la scène ? Pourquoi ?
3. Relevez le champ lexical de la fausseté associée à la médecine et aux médecins.
4. Décrivez le portrait de la médecine et des médecins que trace Béralde.
5. Relevez les arguments qu'utilise Argan pour contrer l'opinion de Béralde.
6. Comment Béralde perçoit-il Monsieur Purgon ?
7. Que reproche Argan à Molière ? Comment Béralde prend-il la défense de l'auteur du *Malade imaginaire* ?

Action et personnages

8. Quel trait de caractère d'Argan explique l'entrée en matière de Béralde ?
9. Quel est l'objectif de Béralde ? Est-il habile ? Relevez au moins trois erreurs qu'il commet.
10. En quoi l'action est-elle ralentie dans cette scène ?
11. Montrez qu'un même ressort dramatique interne fait agir Argan durant toute la discussion avec son frère, quel que soit le sujet abordé.

Comique

12. En début de scène, quel comique de situation est présent ? Expliquez-le.
13. Lors de la discussion sur le mariage d'Angélique, retracez trois inversions du comique de mot.
14. De quel procédé comique le ton de Béralde relève-t-il quand il parle de Béline ? Illustrez-le.
15. À quel procédé du comique de mot renvoie la réplique «je le trouve bien plaisant d'aller jouer d'honnêtes gens comme les médecins» (l. 1982-1983) ? Expliquez-le.

16. En vous rappelant que Molière est l'auteur du *Malade imaginaire* et que, lors de la création, il jouait le rôle d'Argan, expliquez pourquoi le procès de Molière (l. 1975-2014) est comique. Précisez le procédé utilisé.
17. Quelle transposition est à la base du discours sur la médecine et les médecins ?
18. Pourquoi tout n'est-il pas comique dans les propos sur la médecine ? Donnez-en deux exemples.
19. Relevez quelques pointes d'humour.
20. Montrez qu'Argan, selon Béralde, est doublement un pantin à ficelle.
21. Relevez les moments où le comique de caractère ressort tout particulièrement.
22. Pouvons-nous dire que, dans cette scène, Molière met en application sa devise *Castignare mores ridendo*, soit «Châtier les mœurs en riant» ? Justifiez en prenant tout particulièrement en compte l'autorité paternelle.

SUJET D'ANALYSE LITTÉRAIRE

Analysez cette scène : action et personnages, portrait de la médecine et des médecins, comique.

Extrait 5

Acte III, scène 10

Compréhension

1. Quand Toinette a-t-elle annoncé le tour qu'elle joue à Argan ?
2. Quel est l'âge de Toinette ?
3. Quels sont les trois diagnostics de l'état d'Argan ? À qui en incombe la paternité respective ? Un diagnostic vous semble-t-il plus juste que les autres ?

Action et personnages

4. Comment Toinette tente-t-elle de camoufler l'invraisemblance de la similitude entre elle et le médecin ? Quelle réplique montre qu'Argan s'y laisse prendre ?
5. Quelle caractéristique d'Argan fait en sorte qu'il peut croire à la réalité de Toinette-médecin ?
6. Quel objectif Toinette poursuit-elle dans cette scène (voir ACTE III, SCÈNE 2) ? Comment s'y prend-elle ? Définissez-en les différentes étapes.
7. La scène fait-elle avancer l'action ? Justifiez.
8. Comparez la consultation d'Argan faite par Toinette à celle donnée par les Diafoirus (ACTE II, SCÈNE 6, l. 1552-1585).
9. Quel traitement Toinette-médecin prescrit-elle à Argan ? Dans quel but ? Est-il différent de ceux prescrits par ses prédécesseurs ?
10. Par l'intermédiaire du comportement de Toinette-médecin, que reproche Molière à la médecine et aux médecins de son temps ? Les reproches sont-ils les mêmes dans les deux scènes de consultation ? Justifiez.
11. Qui porte le masque dans cette scène ? Est-ce du théâtre dans le théâtre ?

Comique

12. Quel procédé du comique de situation est à la base de cette scène ?
13. Cette scène mise en rapport avec la SCÈNE 6 de l'ACTE III, expliquez le procédé comique en jeu.

14. Situez avec précision le diable à ressort et expliquez-en le fonctionnement. Qu'est-ce qui en accentue le rythme ?
15. De quel procédé comique les deux répliques de Béralde à la fin de la scène (l. 2334-2335, 2337) relèvent-elles ?
16. En quoi les comiques de forme et de geste consistent-ils dans cette scène ?
17. Peut-on parler de parodie pour cette scène ? De satire ? Justifiez.
18. Comment le comique de caractère ressort-il dans cette scène ?

SUJET D'ANALYSE LITTÉRAIRE

Analysez la scène de consultation (action, personnages, comique) et comparez-la à la consultation d'Argan donnée par les Diafoirus (ACTE II, SCÈNE 6, l. 1552-1585).

Questions de synthèse

1. Analysez *Le Malade imaginaire de* Molière : action, lieu, temps, personnages, thèmes.
2. Faites un tableau des différents procédés comiques utilisés dans *Le Malade imaginaire* de Molière et illustrez-les.
3. Molière défendait la devise *Castignare mores ridendo*, soit «Châtier les mœurs en riant». S'applique-t-elle au *Malade imaginaire* ?
4. Illustrez l'importance du thème du masque et du théâtre dans le théâtre dans *Le Malade imaginaire* de Molière.
5. Que nous apprend *Le Malade imaginaire* sur la médecine et les médecins au XVIIe siècle ?
6. En quoi la pièce *Le Malade imaginaire* est-elle une comédie d'intrigue, de mœurs et de caractère ?
7. Quelle scène vous semble la plus drôle ? Justifiez votre choix.

Annexes

TABLEAU CHRONOLOGIQUE

	Vie et œuvre de Molière	Événements historiques	Événements culturels	
1617		Début du règne de Louis XIII.		1617
1622	Naissance de Jean-Baptiste Poquelin.			1622
1628		William Harvey publie son *Traité sur la circulation du sang*.		1628
1632	Mort de Marie Cressé, sa mère.	Samuel de Champlain, *Voyages de la Nouvelle-France,* relation de ses voyages de 1603 à 1629.		1632
1633		Abjuration de Galilée devant le tribunal de l'Inquisition : «Et pourtant, elle se meut !»		1633
1635		Mort de Champlain.	Fondation de l'Académie française.	1635
1636			Pierre Corneille, *Le Cid*.	1636
1637			René Descartes, *Discours de la méthode*.	1637
1638		Naissance de Louis XIV.		1638
1642		Fondation de Ville-Marie (Montréal).		1642
1643	Fondation de l'Illustre-Théâtre avec Madeleine Béjart.	Mort de Louis XIII ; régence d'Anne d'Autriche ; Mazarin ministre.		1643
1644	Jean-Baptiste Poquelin utilise pour la première fois son pseudonyme «Molière».		Premier séjour en France de Tiberio Fiorelli, dit Scaramouche.	1644

1645	Faillite de l'Illustre-Théâtre. Début de la tournée à travers la France.			1645
1648		Début de la Fronde, révolte des Grands contre la royauté.		1648
1652		Fin de la Fronde.		1652
1654		Début du règne de Louis XIV.		1654
1655	*L'Étourdi.*			1655
1656	*Le Dépit amoureux.*			1656
1658	Retour de Molière à Paris, salle du Petit-Bourbon.			1658
1659	*Les Précieuses ridicules.*	Mariage de Louis XIV et de Marie-Thérèse, infante d'Espagne.		1659
1660	*Sganarelle.*			1660
1661	*Les Fâcheux, L'École des maris.* Installation au Palais-Royal.	Mort de Mazarin ; Louis XIV gouverne seul. Début de la construction de Versailles.	Lully est nommé surintendant de la musique.	1661
1662	Mariage avec Armande Béjart. *L'École des femmes.*			1662
1663	*L'Impromptu de Versailles.*			1663
1664	*Tartuffe*, la pièce est interdite.			1664
1665	*Dom Juan.*			1665
1666	*Le Misanthrope, Le Médecin malgré lui.*			1666

TABLEAU CHRONOLOGIQUE

	Vie et œuvre de Molière	Événements historiques	Événements culturels	
1667	Avec la permission royale, représentation du *Tartuffe*.		Jean Racine, *Andromaque*.	1667
1668	*Amphitryon*, *George Dandin*, *L'Avare*.		Jean de La Fontaine, *Les Fables*.	1668
1669	*Tartuffe* est autorisée. *Monsieur de Pourceaugnac*.			1669
1670	*Le Bourgeois gentilhomme*.		Blaise Pascal, *Pensées*.	1670
1671	*Psyché*, *Les Fourberies de Scapin*, *La Comtesse d'Escarbagnas*.		Début de la correspondance entre Madame de Sévigné et sa fille.	1671
1672	*Les Femmes savantes*. Mort de Madeleine Béjart.	Début de la guerre contre la Hollande. Installation de Louis XIV à Versailles.	Lully fonde l'Académie royale de musique.	1672
1673	*Le Malade imaginaire*. Mort de Molière après la 4e représentation (17 février).	Fin des *Relations des Jésuites*, commencées en 1632.		1673

Lexique du théâtre

Acte : partie d'une pièce qui se subdivise en scènes. À l'époque de Molière, l'acte dure 35 minutes au maximum, soit la durée des bougies qui éclairent la scène et qui sont remplacées entre chaque acte.

Action : ce qui se passe sur la scène, ce qu'y font les différents personnages.

Aparté : convention théâtrale selon laquelle certaines paroles d'un personnage ne sont comprises que des spectateurs.

Bienséance : critère selon lequel l'écrivain doit respecter les bonnes mœurs, la morale.

Comédie 1) d'intrigue : comédie qui accumule les situations nouvelles, les coups de théâtre, les quiproquos, les déguisements, les scènes de théâtre dans le théâtre ; 2) **de mœurs** : comédie qui porte sur le comportement d'un groupe, d'une classe sociale, d'une époque ; 3) **de caractère** : comédie qui peint un travers individuel.

Comédie-ballet : comédie entremêlée de divertissements chantés et dansés.

Commedia dell'arte (comédie de l'art) : farce à l'italienne.

Conflit : affrontement entre deux personnages ou groupes de personnages.

Coup de théâtre : événement inattendu qui entraîne un rebondissement de l'action, de l'intrigue.

Dénouement : une ou plusieurs scènes, à la fin de la pièce, où les conflits se résolvent, où se dénouent les fils de l'intrigue, de l'action.

Dialogue : ensemble des répliques que s'échangent deux ou plusieurs personnages.

Didascalie : indication sur la mise en scène et sur le jeu des acteurs, fournie par l'auteur (ex : «*Il sonne une sonnette pour faire venir ses gens.*» [ACTE I, SCÈNE 1, l. 214-215]). Ces indications donnent de précieuses informations pour comprendre certains comiques.

Exposition : une ou plusieurs scènes qui, au début de la pièce, renseignent le spectateur sur l'objet de l'action, sur les principaux personnages, sur le temps et le lieu.

Farce : genre littéraire où les comiques de forme, de geste, de situation ou de mot se retrouvent sous la forme de gags, de coups de bâton, de procédés bouffons, de grosses plaisanteries, de renversements de situation, de péripéties rocambolesques, etc., et dont les personnages types (le père avare, le valet rusé, etc.) sont facilement reconnaissables du spectateur.

Intrigue : ensemble des événements qui forment une pièce de théâtre.

Monologue : réplique d'un personnage qui, seul, pense à haute voix.

Réplique : réponse d'un personnage à un autre personnage.

Ressort dramatique : élément qui fait avancer l'action. Il est externe s'il s'agit d'un fait, d'un événement ; et interne, s'il s'agit d'un trait de caractère, d'un sentiment, du point de vue d'un personnage.

Scène : partie d'un acte. Dans le théâtre classique, l'entrée ou la sortie d'un personnage entraînent un changement de scène.

Suspense : moment qui éveille chez le spectateur une attente, qui le tient en haleine.

Théâtre dans le théâtre : technique par laquelle une pièce se joue à l'intérieur d'une autre pièce.

Tirade : longue réplique d'un personnage.

Transition (scène de) : courte scène qui fait le lien entre deux autres plus importantes.

Unités (règle des trois) : règle du théâtre classique qui demande que l'action soit une (action), qu'elle ne dure qu'une journée (temps) et se déroule en un seul lieu (lieu). « Qu'en un lieu, qu'en un jour, un seul fait accompli / Tienne jusqu'à la fin le théâtre rempli » (Boileau, *L'Art poétique*, v. 45-46).

Vraisemblance : critère selon lequel l'écrivain doit peindre d'après nature.

GLOSSAIRE DE L'ŒUVRE

aimable : digne d'être aimé.
amant : personne aimée.
apothicaire : pharmacien.
apprêts : préparatifs.
atteinte : coup du sort.
auguste : vénérable.
carogne : charogne (injure).
casse : fruit des Indes aux propriétés laxatives.
compliment : discours de politesse à une personne de marque.
conjurer : supplier.
contrainte : surveillance.
clystère : lavement (liquide introduit dans les intestins par l'anus afin d'aider le malade à aller à la selle).
d'abord : aussitôt.
dessein : projet.
diantre : juron, euphémisme de *diable*.
docte : savant.
doucement : discrètement.
dysenterie : très grave diarrhée.
entendre : vouloir dire.
fâcheux : ennuyant.
galimatias : discours incompréhensible.
guet : troupe d'archers chargée, la nuit, de patrouiller les villes.
habile : savant.
honnête homme : poli, maître de lui, distingué, modéré, cultivé (idéal du XVIIe siècle).
humeurs : liquides du corps (sang, lymphe, bile, atrabile), dont le déséquilibre cause les maladies. Pour en rétablir l'équilibre, le médecin prescrit ou lavements ou saignées.
hydropisie : grave enflure du corps causée par une accumulation d'eau.
impertinent : qui agit contre le bon sens, insensé.
impudent : insolent.
inclination : attirance.
inopiné : imprévu et soudain.
intempérie : dérèglement.
intermède : divertissement.

jouer (se) : se moquer.
maîtresse : femme aimée.
mamie : mon amie (élision).
mamour : mon amour (élision).
médecine : médicament.
obligé : reconnaissant.
ouïr : entendre.
passion : colère.
pendard : digne d'être pendu (injure).
pleurésie : inflammation du poumon.
quérir : chercher.
seringue à lavement.
serviteur (je suis votre) : formule de politesse.
souffrir : supporter.
tout à l'heure : tout de suite.
trait : flèche, en référence à Cupidon, dieu de l'amour, un jeune enfant armé d'un arc et de flèches.
vous (que de) : à votre place.

Médiagraphie

BERGSON, Henri. *Le Rire, essai de définition*, Paris, Presses universitaires de France, coll. « Bibliothèque de philosophie contemporaine », 1972.

BRAY, René. *Molière, homme de théâtre*, Paris, Mercure de France, 1992.

CANOVA, Marie-Claude. *La Comédie*, Paris, Hachette, coll. « Contours littéraires », 1993.

CONESA, Gabriel. *La Comédie de l'âge classique 1630-1715*, Paris, Seuil, coll. « Écrivains de toujours », 1995.

DUCHÊNE, Roger. *Molière*, Paris, Librairie Arthème Fayard, 1998.

MILLEPIERRES, François. *La Vie quotidienne des médecins au temps de Molière*, Paris, Hachette, réédition « Le Livre de poche », 1966.

MOLIÈRE. *Œuvres complètes*, édition par Georges Couton, Paris, Gallimard, coll. « Bibliothèque de la Pléiade », 2 vol., 1983.

Molière, film réalisé par Ariane Mnouchkine, 1978.

Molière, une vie pour le théâtre, Paris, Éditions Ilias, 1997 (cédérom).

MONGRÉDIEN, Georges. *La Vie quotidienne des comédiens au temps de Molière*, Paris, Hachette, 1982.

Œuvres parues

Apollinaire, *Alcools*
Balzac, *Le Colonel Chabert*
Balzac, *La Peau de chagrin*
Balzac, *Le Père Goriot*
Baudelaire, *Les Fleurs du mal* et *Le Spleen de Paris*
Beaumarchais, *Le Mariage de Figaro*
Chateaubriand, *Atala* et *René*
Chrétien de Troyes, *Yvain* ou *Le Chevalier au lion*
Corneille, *Le Cid*
Daudet, *Lettres de mon moulin*
Diderot, *La Religieuse*
Flaubert, *Trois Contes*
Hugo, *Le Dernier Jour d'un condamné*
Marivaux, *Le Jeu de l'amour et du hasard*
Maupassant, *Contes réalistes et Contes fantastiques*
Maupassant, *La Maison Tellier et autres contes*
Maupassant, *Pierre et Jean*
Mérimée, *La Vénus d'Ille* et *Carmen*
Molière, *L'Avare*
Molière, *Dom Juan*
Molière, *L'École des femmes*
Molière, *Les Fourberies de Scapin*
Molière, *Le Malade imaginaire*
Molière, *Le Misanthrope*
Molière, *Tartuffe*
Musset, *Lorenzaccio*
Poètes romantiques
Poètes symbolistes
Racine, *Phèdre*
Rostand, *Cyrano de Bergerac*
Tristan et Iseut
Voltaire, *Candide*
Voltaire, *Zadig* et *Micromégas*
Zola, *La Bête humaine*
Zola, *Thérèse Raquin*